Superando la Soledad

Si está interesado en recibir información
sobre nuestras publicaciones,
envíe su tarjeta de visita a:

Amat Editorial
Comte Borrell, 241
08029 - Barcelona
Tel. 93 410 67 67
Fax 93 410 96 45
e-mail: info@amateditorial.com

Dra. Ángeles Rubio

Superando la Soledad

Cómo convivir con ella
y vencerla

Amat Editorial

Diseño cubierta: *Jordi Xicart*

© Editorial Amat SL, Barcelona, 2003

ISBN: 84-9735-072-3
Depósito legal: B-901-2003
Fotocomposición: Zero pre impresión SL
Impresión: Novagràfik, S.L. Vivaldi 5 Montcada i Reixac (Barcelona)
Impreso en España - *Printed in Spain*

Este libro está dedicado a Cervera del Río Alhama.

Índice

Agradecimientos

Quiero manifestar mi agradecimiento a la doctora en Psiquiatría y Medicina Familiar y Comunitaria, Cristina Borra, y a la editora Teresa Caparrós, por los sabios consejos de ambas. Mención especial merece también mi maestro y amigo el catedrático Octavio Uña Juárez, gran intelectual y poeta, de cuya obra *Comunicación y Libertad* este trabajo es deudor.

Gracias a Steven y Anthony Wood, las estrellas que eclipsaron toda mi soledad. A mis colegas y amigos los profesores Fernando de Lucas y Murillo de la Cueva, Mercedes Fernández, Mar Sánchez, Leo y Andrés Arias Astray, por unos debates que no tienen precio y su amistad incondicional. A las amigas que durante el verano de 2002 contribuyeron con sus ideas y experiencias, pero sobre todo con su cariño, a la elaboración de este trabajo, María Eugenia y M.ª Felisa De Miguel, Inés Garijo, Isabel y Ana Jiménez Ochoa.

Este libro tampoco hubiese sido posible sin los esfuerzos de todas las personas que encontramos a lo largo de la vida y la carrera que intentan dañar, aislar y apropiarse de la ilusión y la fe de las personas generosas. A los acosadores morales, a los envidiosos de las ideas, la felicidad y el éxito ajeno a la familia y maestros que no supieron serlo, a todos aquéllos que por su propia inconsistencia necesitan buscar la mofa en la diferencia de un siempre «otro».

Gracias a todos «los otros unidos», a los marginados, a las víctimas del desamor, a los ancianos solitarios, a los solos y las solas, porque en vuestro silencio descansa el corazón de la humanidad perdida. Y por último a todos los jóvenes y niños que larvais en nidos de seda con vocación de mariposa, porque en vuestra difícil existencia se encuentra el germen de un nuevo mañana, en donde la soledad será un placer, la sintonía del hombre y la mujer realizados.

Introducción

La soledad es una condición de las sociedades modernas en las que la familia extensa, la comunidad religiosa y los pequeños municipios ya no son los ámbitos para la relación y la cohesión social, sino que por el contrario han dejado paso a grandes urbes anónimas que como maquinarias al servicio de la economía no conceden ni tiempo ni espacio para las relaciones humanas.

Sin embargo, la soledad no es un problema ni un sentimiento de reciente creación. Para la mayoría de la humanidad la soledad tiene el significado de la ausencia de una relación emocional intensa y satisfactoria con otra persona. Y en este sentido la vida moderna también ha conseguido que nuestras relaciones con los demás sean más escasas y menos profundas. Una sociedad que potencia el ocio pasivo a través de los medios audiovisuales, los ordenadores, la recreación «a granel» sin espacio para la diversión que se forja en la creatividad, en la comunicación, en el juego inteligente o, como en otros tiempos, en la aventura pionera del viaje, es una sociedad entretenida pero sola.

La globalización de la economía, como resultado último del proceso de modernización, no sólo se ha traducido en una pérdida general de los referentes religiosos e ideológicos, sino sobre todo en la equiparación de las señas culturales haciendo a los seres humanos cada día más uniformes. La sociedad global nos abre muchas puertas para la comunicación y el encuentro con los otros, pero también entraña un alto grado de aislamiento en la propia homogeneidad (no se entiende de igual modo la diferencia), y en la multiculturalidad lo étnico se torna insignificante, folklórico y se pierden los vínculos culturales.

Decía Octavio Paz en su obra *El laberinto de la soledad*, que los países ricos no necesitan fiestas populares y que por el contrario los pobres cuentan con un gran número de ellas, como por ejemplo ocurre en la India. Los países ricos desarrollados viven en la fiesta continua del consumo y la recreación, ahora bien, también podemos afirmar que tanto unos como otros se encuentran atravesados por la gran «ola» modernizadora, que les expone a la pérdida de los referentes humanos y culturales que arraigan a los hombres con su pueblo, sus vecinos y su pasado. El desarraigo del emigrante, del que se muda de ciudad para mejorar en su trabajo, es asimismo el desarraigo de una sociedad en la que los valores tradicionales todavía no han sido sustituidos por otros tan satisfactorios para el equilibrio psicológico y afectivo, es decir, para alcanzar la felicidad a fin de cuentas. Este hecho, constatado por los sociólogos ya clásicos como resultado de la Revolución Industrial, desde finales del siglo XIX (Durkheim, Merton, Mills), se ha convertido en un extremo acuciante en la sociedad del siglo XXI, en la que a pesar de todo el progreso técnico-científico, muchos ancianos mueren en soledad y los niños siguen sufriendo el aislamiento y la crueldad en la escuela, igual que en tiempos pasados.

A través de estas páginas comprobaremos cómo la soledad no sólo es un mal muy común que nos afecta a todos al margen de las limitaciones personales (carácter, aspecto físico, edad, etc.), sino que además, sus orígenes y soluciones tienen mucho que ver con la vida de nuestras sociedades modernas, y cómo abordamos todas las posibilidades que éstas nos brindan para dar respuesta a la necesidad natural de compañía y comunicación.

En contradicción con lo que pudiera parecer más lógico en una sociedad que se autodenomina *de la información*, se ha comprobado que las personas que se sienten solas en la mayoría de los casos carecen de la información necesaria para abordar las múltiples soluciones que les ayudarían a salir de su estado y a encontrarse de forma satisfactoria con otras personas. Esto es doblemente preocupante, en tanto que la soledad afecta no sólo al bienestar, sino también a la salud física y mental.

Otra característica que describe el semblante de nuestros tiempos es el de la alta competitividad en el trabajo y en la carrera de la vida. En este contexto, tener buenos amigos, una familia sólida, en resumen, no encontrarse solo o sola, es de vital importancia para poder sobrellevar la hostilidad que la ajetreada vida urbana nos depara, el estrés y las dificultades en la escuela o en el trabajo. Sin embargo, son cada vez más las personas que viven solas, los matrimonios que se rompen, o los impedimentos para encontrar el suficiente tiempo de ocio para cultivar la vida social.

Pareciera que todo está preparado para trabajar y consumir. Incluso durante las vacaciones, las ciudades turísticas y los viajes ya organizados pueden alejarnos de esa posibilidad tan buscada de encuentro con el otro, de conseguir compañeros de viaje, o descubrir el verdadero ser de las personas en los lugares de destino y no su caricatura étnica. Organizar nuestros propios viajes y buscar en el destino un buen grupo de amigos sería aquí toda una alternativa. Al igual que en este ejemplo, no son pocas las cosas que podemos hacer para que nuestro entorno se convierta en un centro de atracción para la amistad, las actividades creativas y el bienestar en resumen.

Decía el poeta español José Bergamín, que «vivir es hacer lo contrario de lo que quiere la muerte», y si algún problema se nos antoja que puede acercarnos a ese destino seguro de todos los hombres y mujeres, ése es el de la soledad. Contar y compartir la vida es «vivirla dos veces», y ese puñado de amigos es lo único que dejamos al final de todas las carreras, lo único que nos llevaremos allí hasta donde la conciencia nos lleve.

Con el fin de exorcizar vuestra soledad y la mía se han escrito estas líneas. Con ellas me hago acompañar de mis lectores, y en señal de gratitud espero poder hacer que se sientan acompañados con su lectura y más cada día, poniendo en práctica los consejos y sugerencias que en él se vierten.

ÁNGELES RUBIO

Por qué la soledad

Los especialistas nos hablan de la soledad física y la soledad espiritual, de la voluntaria y de la elegida. Se nos dice que somos seres sociales, nacidos para la comunicación y que permanentemente necesitamos entrar en contacto con los otros. Una soledad demasiado duradera puede perturbar nuestro equilibrio psicológico.

Sin embargo, más allá de tratarse de un problema mental, la experiencia de sentirnos o estar aislados, distanciados, sin afecto, abandonados, sin puntos de apoyo, no tiene siempre que ver con nuestra personalidad o nuestra capacidad para relacionarnos con los otros. Vivimos en unos tiempos de gran individualismo, en los que el establecimiento de lazos de amistad no siempre son posibles, y en donde la dificultad para la comunicación es tan notoria como la opacidad de la que goza la información más relevante, como por ejemplo, aquella que nos permite ser felices, pasarlo bien o salir de nuestro aislamiento.

La sociedad de la información se encuentra dominada por los medios audiovisuales y las telecomunicaciones, los cuales no hacen más que aumentar la inactividad y el aislamiento, y con ellos el protagonismo de la soledad en nuestras vidas. Las largas jornadas de trabajo necesarias para cubrir las siempre también mayores necesidades de consumo, la vida rápida y urbana, no dejan mucho tiempo para las relaciones interpersonales, la familia y la amistad: para ser personas al fin de al cabo.

Si bien es cierto que la soledad es una experiencia interior, también lo es que dicha experiencia es muy común, aunque por su propia definición poco compartida. La soledad es dolorosa, fuente de angustia, traumatizante incluso, pero a diferencia de otras problemáticas sociales, se vive como un tabú, se oculta y no se quiere hablar de ello, cuando todos y todas, por un momento o durante largas etapas de nuestras vidas, hemos conocido el sabor agridulce de una sensación tan humana.

A los tímidos les resulta difícil relacionarse, los introvertidos crean una especie de coraza a su alrededor, pero también muchos extrovertidos se sienten solos. Hay personas que cuentan con una estupenda vida social, pero carecen de una familia sólida para sentirse acompañados o apoyados. Parece importante, por tanto, que para vencer la soledad abordemos las limitaciones personales, pero sobre todo las sociales: el mundo de los grupos primarios (como la familia), los grupos de iguales y aquellos otros grupos a los que podríamos pertenecer en un caso real o hipotético.

Todos manejamos nuestra dosis, grande o pequeña, de soledad. Unos luchan diariamente por vencerla, asumiendo más o menos las situaciones y otros pocos afrontan el problema como lo que es, parte de nuestra propia vida. En ella se sucederán etapas de soltería, aislamiento, con otras repletas de encuentros y gratas compañías. También podemos ser solitarios vocacionales, sobre todo cuando tenemos mala experiencia de los momentos en los que hemos resuelto nuestras necesidades de comunicación. A veces, abrirse a los demás, querer y ser querido puede tener malas consecuencias.

La incomunicación, una soledad inmanente en el transcurso de nuestras vidas, puede derivar en graves depresiones cuando las fuerzas decaen y se pierde la esperanza, incluso terminar con el suicidio como forma de librar la angustia.

Siempre serán pocos todos los consejos y proyectos que intentemos emprender para terminar con esta plaga del nuevo siglo, ya sea como resultado de aspectos novedosos —como los nuevos roles de los cónyuges y la familia—, pero también tradicionales —como la distancia propia de las relaciones sociales y los comunes abismos objetivos (en el caso del aislamiento físico de ciertas profesiones) o subjetivos que separan al individuo de sus congéneres—. La soledad es, en definitiva, el mal más acuciante de los países desarrollados, en los que las primeras necesidades parecen extinguidas.

Por ello, no es un tema frívolo ni un trabajo baladí que procedamos a exponer cuáles son las principales causas de la soledad, cómo superarlas, y sobre todo, cuáles son las enseñanzas fundamentales que desde el campo de la psicología social, la sociología, pero sobre todo desde la información y el sentido común, podemos obtener para que nuestras relaciones sociales sean cada día más satisfactorias.

1

La soledad de las edades

Quizá la mayor equivocación acerca de la soledad es que cada cual va por el mundo creyendo ser el único que la padece.

JEANNE MARIE LASKAS

1.1. Nadie con quien jugar

1.1.1. La soledad en la infancia

Una de las peores formas de soledad y aislamiento es aquella que comienza en la infancia, y que no ofrece más posibilidades de actuación a los niños y niñas que la padecen que la adaptación a ella y la resistencia. Importantes personajes, pensadores, políticos, filósofos, cineastas, fueron niños solitarios: Steven Spielberg, Ana María Matute, Rosa Chacel, Martin Scorsese, Pedro Almodóvar, Alfred Hitchcock, Rosalía de Castro, Antonio Gala, Isabel Allende, Abraham Maslow, Carl Jung, Chopin y hasta Carlos I de España y V de Alemania, entre otros muchos.

Estos antecedentes nos pueden hacer pensar que la soledad no es tan nociva, y que aún más, existe una estrecha relación entre ésta y el pensamiento inteligentes. Por otra parte, la segregación y el aislamiento del grupo a edad temprana es un mal que suelen padecer los niños más dotados, los más inteligentes y sensibles. Por todo ello no es de extrañar que la introspección, el regreso de la mirada hacia uno mismo, el conocimiento o el arte, hayan sido el refugio de muchos de estos personajes durante su infancia.

Son muchas las personas que asocian sus primeros recuerdos a los abrazos de un muñeco en el que pretendían ahogar su soledad, incluso contando con padres comprensivos o un buen número de hermanos. El desdén hacia las preguntas o intromisiones de los más pequeños en los asuntos del hogar es una costumbre, que puede ser vivida por el niño como aislamiento y fuente de infelicidad, y que es más común en las familias con un mayor número de hijos, ya que los mayores sin quererlo segregan a los menores, como forma de reafirmación en su nuevo rol adulto. Por el contrario, de todos es sabido que los niños que crecen entre mayores, que participan de sus conversaciones y entran en sus preocupaciones y ademanes, suelen sufrir el desprecio de sus compañeros de juego, al ser considerados cursis o «pedantes». En realidad, lo que ocurre es que existe un buen número de habilidades que los niños difícilmente pueden desarrollar con sus mayores, como por ejemplo, aprender a manejar la agresión (jugar a pegarse).

Por estas u otras causas, y aunque no puedan darse datos definitivos, ya algunos estudios de los años ochenta constataban que entre un 5 y un 25 por ciento de los niños experimentan dificultades en las relaciones interpersonales. De éstos, autores como Asher y Renshaw (1981) comprobaron que, entre un 5 y un 10 por ciento no sería elegido por ninguno de sus compañeros. Por su parte otros autores, como Coie y Dodge (1983), han arrojado datos aún más inquietantes: en torno al 20 por ciento de los niños son ignorados o rechazados por sus compañeros de clase. Estudios más recientes como los de la doctora Monjas (2000), con alumnos y alumnas de Enseñanza Primaria, mostraban que el 29 por ciento de los jóvenes son rechazados por sus compañeros y el 17 por ciento ignorados (al no ser elegidos ni rechazados por ningún compañero). En estudios previos, la misma doctora comprobó que los alumnos con necesidades educativas especiales, es decir, con dificultades en el aprendizaje por contar con una capacidad superior o inferior a la del grupo eran poco aceptados por sus compañeros. De éstos, el 17 por ciento obtiene estatus de aceptación, el 66 por ciento de rechazo, el 8 por ciento es ignorado y el 9 por ciento controvertido (Monjas, 1992).

Más allá de investigaciones concretas, el conocimiento generalizado de los graves problemas de soledad y aislamiento de los niños que se producen en las aulas debería suscitar una mayor respuesta de las autoridades competentes, ya que los niños además de ser seres más vulnerables, cuentan con muy pocas posibilidades para defenderse. Resulta injusta y paradójica una educación, una sociedad en su conjunto, en donde la calidad de vida de los más jóvenes se encuentra teñida de episodios de marginación y sufrimiento; sobre todo cuando se sabe que aquellos que son ignorados por sus compañeros constituyen grupos de riesgos de distintos problemas en la infancia y la adolescencia.

Muchos podrán pensar que la escuela como espacio para la preparación a la vida adulta recoge los mismos problemas que ésta, y que un excesivo proteccionismo, una intervención en la evolución de la vida misma no sería ni posible ni deseable. Sin embargo, poco sentido tiene intentar paliar las consecuencias de la soledad, el aislamiento, el acoso, por medio de los servicios sociales y la propia ley, si en la edad en la que dichos problemas más afectan al individuo no se ponen los medios para acabar con este problema.

En el caso de los niños superdotados, que deberían ser el baluarte de la sociedad del futuro, puede afirmarse que mientras los especialistas se ocupan en la investigación y la comunicación científica, una familia media apenas cuenta con recursos para que los jóvenes puedan acudir a aulas especiales, para que lo que parece una bendición no se convierta en el peor de los tormentos.

De siempre se ha sabido que los niños con altas capacidades no son los más felices. Existen padres y madres, sobre todo en el caso de las niñas, que no tienen ningún temor a que sus hijos aprendan, sean más ágiles, más fuertes, pero cuando se trata de desarrollar la inteligencia no muestran demasiado entusiasmo. Según los datos que manejan las asociaciones de afectados, los problemas de aislamiento y otros como por ejemplo el tedio, les lleva a ser tremendamente distraídos y a no prestar atención en clase, lo que hace que una proporción muy grande[1] de estos niños más inteligentes no termine la enseñanza obligatoria. Al margen de las medidas especiales que la administración puede y debe adoptar, poseer una buena inteligencia supone una mayor capacidad para adaptarse y resolver los problemas a los que nos enfrenta la vida, por cuanto parece lógico pensar que si el problema es de relación, de habilidad para relacionarse con los demás o para que los demás les quieran, es éste un terreno en el que afortunadamente sí existen medios para la intervención.

---

1. O que el 17% sufran fracaso escolar, o que sólo un 20% lleguen a la universidad.

Osman reconoce que los niños con dificultades de aprendizaje ya sea por superdotación o por el caso contrario, a menudo sencillamente «no se adaptan», no se llevan bien con sus compañeros en el aula ni fuera de ella (1985:11). Muchos chicos con diferencias de aprendizaje reconocidas en sus años escolares padecen problemas de socialización que persisten hasta su vida adulta. Concluyendo que «al trabajar con niños a lo largo de años, he ensayado diversas técnicas, algunas más exitosas que otras. Pero cuando hecho una mirada retrospectiva, veo que los chicos a los que más pude ayudar son aquellos que aprendieron a desempeñarse socialmente y no sólo en los estudios.» (1985:16). Es importante, por tanto, que los padres y profesores sean sensibles a sus necesidades sociales, en la misma medida que lo son en los problemas de lectura o escritura. Si un niño posee una inteligencia fuera de lo común será más importante estimular su relación con el equipo, que sea feliz y se adapte, que esperar los mejores resultados académicos obligándole a pasar largas horas en soledad frente a los libros.

También será de gran ayuda el tratamiento de los aspectos concretos que llevan a los jóvenes a la diferencia y al aislamiento —como pueden ser las dificultades de aprendizaje— buscando aulas y centros acordes con sus necesidades.

Por otra parte, los especialistas han comprobado que la competencia social, es decir, contar con un mayor repertorio de habilidades para relacionarse con los demás, es determinante para la aceptación en la infancia, y cabe añadir que no sólo en ésta. Por tanto, la adecuación de los centros a las necesidades de los niños y una educación más personalizada, junto al aprendizaje de habilidades concretas, alumbran un espacio para la esperanza cuando nuestros hijos o alumnos se encuentran en alguna de las múltiples situaciones que son tan habituales en las aulas, los patios de recreo o los parques:

- Niños y niñas con dificultades para relacionarse.
- Que lo pasan mal y que no disfrutan con los demás.
- Que no saben enfrentarse a los insultos y las molestias de sus iguales.
- Que responden violenta o inadecuadamente cuando se acercan para jugar con él.
- Refractarios, que se inhiben, no inician una conversación, se aíslan, no cooperan.

- Que tienen tanta dependencia de los demás que se someten, no se defienden aunque se metan con ellos y prefieren estar con niños más pequeños o solos.
- Tímidos, sin apenas amigos íntimos.
- Que no saben afirmar su postura en una discusión y que no saben decir las cosas asertivamente.
- Que experimentan gran ansiedad cuando tienen un conflicto con otra persona y se doblegan a ella.

Los padres pueden potenciar o inhibir la sociabilidad favoreciendo su capacidad para entablar relaciones, para aceptar, querer y ser querido por los demás, o por el contrario contribuir a que prefieran mantenerse aislados. Esto se acentúa debido a la ostensible disminución del número de hijos por pareja, que hace que cada vez sea más importante, sobre todo en las ciudades, las familias con un solo hijo. Estos niños pueden y de hecho suelen sentirse solos si sus padres no ponen los medios para que se relacionen con otros niños de forma habitual. Sin embargo, en muchos casos, la conducta de los padres es ajena a los problemas de integración de los niños y adolescentes. En una misma familia pueden encontrarse hermanos muy sociables con otros que no lo son en absoluto, sin que la dificultad en la enseñanza de conductas y habilidades sociales por parte de los progenitores tenga mucho que ver.

En otras ocasiones, la falta de competencia social se deriva de modelos familiares inadecuados, de no haber tenido la oportunidad de aprender las correspondientes habilidades, pero también de que cuando se ha intentado entrar en relación con otras personas se ha sufrido una derrota y esto ha condicionado situaciones posteriores.

En unos tiempos en los que la vida de muchos niños se reduce a la escucha en el aula y a la observación pasiva en la televisión, es muy posible que éstos no adquieran las conductas sociales deseables para un momento dado de la vida en sociedad y que esto les señale entre sus iguales.

En resumen, es del interés de padres y cuidadores velar por que los niños mantengan relaciones participativas con sus compañeros. Más aún en las anónimas zonas residenciales de la gran ciudad en las que los vecinos en ocasiones ni pueden, ni quieren mantener lazos de amistad, será nuestra obligación procurar los medios para que los niños vayan teniendo los primeros amigos estables. Podemos asimismo intentar, a través de la amistad con otros padres de sus compañeros de colegio o de sus actividades extraescolares, colaborar para que puedan partir del apoyo de una o dos amistades y asumir así mejor la relación con el resto de compañeros.

La falta de competencia social también puede ser fruto de un cambio de residencia que lleve al niño o la niña a colegios o lugares con otros modos y costumbres, o tratarse de una diferencia notable entre la posición social o la cultura de su familia en relación con la del conjunto de compañeros.

En principio, cualquier diferencia por asimilación o no de conductas familiares puede activar el rechazo, y de ahí que muchos padres y madres prefieran, equivocadamente, tener antes hijos «normales» a cultivar su inteligencia y otras habilidades.

Por el contrario, el desarrollo de una fuerte personalidad y del carácter juega también un papel importante eliminando las dificultades que puedan surgir de otro tipo de diferencias. Así, algunos niños apenas han cumplido algunos años cuando hacen notar su madera de líderes, su alegría, mientras todos sus compañeros gritan su nombre y se acercan a ellos en cuanto aparecen.

Otros, en cambio, sufren la soledad, el desdén en nombre de cualquier supuesta diferencia, mientras sus padres se sienten impotentes para ayudarles. Es difícil para ellos dar con la solución o el origen de este tipo de problemas, los cuales pueden no ir más allá del simple placer que sienten los niños al criticar y sentirse fuertes aislando y debilitando a otro compañero. Que un niño sea marginado, en ocasiones sólo indica que es sencillamente menos agresivo, más prudente, o a veces el mejor educado.

Sobre todo en el caso de las niñas, esto nos lleva a reflexionar sobre si valores y conductas estereotípicamente femeninas, como la dulzura, la comprensión, la accesibilidad frente a los problemas ajenos, la delicadeza, la bondad y mayor dependencia, pueden ser interpretados como debilidad manifiesta, que justificaría que sean las mujeres las más vulnerables al acoso de sus compañeros/as de trabajo, como se ha podido ver en algunos estudios.

Para ir más allá de las ideas preconcebidas y entender mejor las relaciones humanas, tenemos que tener en cuenta que en todo grupo social, y el aula es uno de ellos, se produce desde el primer momento un reparto de roles. En el caso de la escuela este reparto se realiza en los primeros días en los que el grupo se conoce, por ello todos los profesores saben que en estos días es más difícil que los alumnos se centren en las explicaciones y tareas, ocupados como están en la observación de unos y otros, en el «tanteo» y ubicación de su propio papel dentro del grupo. Alguien enseguida puede manifestar su «madera de líder», otros prefieren mantenerse al margen y contestar sólo cuando se les pregunta, alguno intentará y seguramente conseguirá ser el gracioso, otro el refractario, el pedante o el «sabelotodo». También los profesores serán catalogados (el más hueso, el bobalicón, el pretencioso, etc.), y éstos, a su vez, categorizarán a los alumnos, incidiendo en las expectativas que forjen sobre su capacidad y predisposición. También desde el primer día un profesor puede ser catalogado positiva o negativamente, ser más o menos popular sólo basándose en una primera impresión. La idea que el grupo tenga de cada uno de sus miembros, en ocasiones como producto de nuestra propia valoración sobre nosotros mismos, marcará su papel de liderazgo, neutro, o por el contrario de marginación.

La psicología social ha estudiado estos procesos conocidos como dinámica de grupos, y de igual modo ha desarrollado formas para trabajar «la inteligencia emocional» y aprender las «habilidades» que puedan ayudar a niños y mayores a desenvolverse sin dificultad en el seno de dichos grupos sociales. Sin embargo, también es cierto que aunque se ha escrito mucho sobre el liderazgo, la realidad de los jóvenes marginados, de los patitos feos de nuestra sociedad, no obtiene ni la más mínima atención en los manuales al uso.

Resulta descabellado afirmar la conveniencia de educar a nuestros hijos para que adopten determinadas pautas de conducta para llegar a ser buenos líderes, así como insistir demasiado en la adopción de conductas afirmativas, impositivas, incluso agresivas para tener éxito entre nuestros iguales. Esto no puede, ni debe ser así, en tanto que la igualdad en los temperamentos no sólo es imposible, sino que además es poco deseable. Por un lado, la diferenciación dentro del grupo es inherente al ser humano y es la base de cualquier formación social equilibrada. Por otro, la agresividad es la otra cara de la marginación, una de las conductas reconocidas que más conduce al aislamiento social. Por todo ello, conviene insistir en la importancia de velar porque nuestros hijos mantengan conductas «intermedias» entre el apocamiento del pusilánime y la violencia del que no encuentra la suficiente autoridad para que sus criterios sean admitidos en el grupo. Los padres, por otra parte, deben comprender la importancia de favorecer conductas tolerantes en los jóvenes y el enriquecimiento que supone la integración de la diferencia, la educación en el amor por la pluralidad de credos y caracteres. La independencia, la afirmación de los propios derechos y la sociabilidad, son valores que favorecen la vida en relación y la felicidad de nuestros hijos y adolescentes, como así lo han entendido muchos padres y madres.

La historia de Mario y Guillermo

Una mañana de domingo soleado pudimos oír los gritos que a través del interfono Mario profería hacia su vecino Guillermo: «Llevas toda la mañana llamando, ya te he dicho que saldré más tarde y eso si es que quiero salir, y aun así no creo que juegue contigo. Como sigas molestando, mi madre me ha dicho que se lo dirá a tu madre para que te castigue».

Estas palabras me estremecieron. Mi vecina María me había confesado cómo sufría cuando a través de las cortinas observaba un día tras otro cómo su hijo Guillermo jugaba triste y solo, mientras todos los demás habían formado un grupo desde el mismo momento que ocupamos las viviendas en el distrito.

En aquel momento tuve la tentación de hablar con María para que consolase a su hijo e intentar entre todos poner los medios para evitar un sufrimiento tan innecesario en el niño. Hablaríamos también con la madre de Mario para obligarle a que su hijo rectificase su comportamiento. Fue entonces cuando mi marido comentó en defensa de Mario el cruel: «No me extraña que los chicos estén enfadados, Guillermo se pasa el día presumiendo de los juguetes que le compran, del hotel o del campamento de las vacaciones, del dinero de sus padres. Los padres de Mario en cambio, pasan por momentos muy duros, la madre perdió el trabajo tras su embarazo y la falta de recursos les lleva a permanecer durante sus vacaciones en la ciudad. Apenas pueden comprarle juguetes y ahora ella debe trabajar hasta altas horas de la noche limpiando oficinas». Yo todavía recordaba las palabras de la madre de Mario nada más conocernos: «Menos mal que he tenido mucha leche en el pecho, porque apenas nos llegaba el sueldo para comprar leche adaptada cuando nació el niño». A partir de aquella conversación no habíamos vuelto a tener contacto, la forma de expresarse tan directa —a veces agresiva— de aquella mujer ponía en prevención al resto de vecinos. Era demasiado ruda y su resentimiento con todos aquellos que no tenían una vida difícil resultaba demasiado evidente.

Hablar con la madre de Guillermo también era incómodo. No dejaba de presumir, de compararse e intentar competir, desvirtuando todos los méritos ajenos, sin respeto por los sentimientos de quienes la escuchaban. Ella achacaba sus problemas de soledad al hecho de haberse venido a vivir a una ciudad demasiado grande. Tal vez en su ciudad natal rodeada de primos y hermanos que conocían su lado amable y sincero, no encontrase tanta indiferencia, pero lo cierto era que, a pesar de haber invitado a muchos de los vecinos a tomar el café a su casa, en diez años no había conseguido que ellos eligiesen su compañía. Esta falta de aceptación incrementaba su afán por afirmarse, y seguía presumiendo. La solución, ni para los niños ni para las madres, parecía sencilla.

En el caso anterior, podemos decir que la cuestión de la soledad de los niños es un claro ejemplo de imitación de modelos familiares, lo que no implica culpabilidad o conciencia del problema por parte de sus progenitores. Ni los unos ni los otros han contado con la oportunidad de conocer y desarrollar las habilidades necesarias para hacer amistades y lograr el respeto esperado, ya que éstas no se encontraban en los programas educativos de la infancia, ni entre los aspectos que más preocupan a los padres y educadores: mantener una conversación, hacer amigos, expresar sus opiniones y emociones sin miedo, identificar los problemas en su trato con los demás, sonreír, saludar, respetar o hacer que los otros se sientan bien, hacer favores y ser amable.

La mayoría de las personas reciben en su hogar lo que de forma proverbial se conoce como «educación». «Es que fulanito es muy educado», decimos. Sin embargo, no siempre este concepto coincide con unas normas rígidas e inmutables, sino que la mayoría de las veces que sentimos que alguien sabe tratarnos es porque existe algo más.

Y es que pudiera pensarse que para tener éxito social, en especial en el caso de los niños, conviene ser comprensivo y bueno (en el mal sentido de esta palabra), cuando de todos es sabido los efectos contrarios que entraña conducirse de este modo. Los demás pueden abusar, somos objetivo fácil de comentarios, del desahogo de la violencia de nuestros iguales. El orgullo del niño le impide comentar este tipo de agresiones con sus padres, pero sí suele descargar la ansiedad y la violencia recibida con las personas que encuentra en casa. Los padres suelen pensar que su hijo ha cambiado, que un niño tan bueno se ha tornado agresivo y contestatario, y se preocuparán porque no entienden el cambio de actitud.

La soledad y el acoso moral en la infancia pueden acarrear episodios de ansiedad, temor social y resentimiento para el resto de sus vidas, y lo peor, puede prolongarse hasta edades avanzadas. El joven que es acosado suele ser a su vez repudiado por el resto de compañeros que piensan que si le defienden seguirán su suerte. Los padres, ante la disyuntiva de instar a su hijo a utilizar una violencia que puede no tener fin, o a evitar los problemas dejándolos pasar, sienten que no consiguen ayudar a sus hijos mientras sufren viendo cómo juegan solos, o cómo se tornan tristes y distantes e incluso violentos, fruto de sus relaciones en el colegio o con sus amigos de juego.

El joven que crea encontrar menos problemas no implicándose, siendo condescendiente, seguirá siendo «avasallado» por los compañeros que desde el primer momento interpretarán que se trata de un compañero pusilánime, con miedo, y por tanto una presa fácil, un «saco de patatas» al que patalear y en el que volcar su agresividad por descontentos ajenos.

Es complicado que los chicos y chicas en estas situaciones tan dramáticas, y con su orgullo francamente herido, nos cuenten algo. Sí podemos intentar, si sospechamos que los niños sufren el problema, conseguir la ayuda de una persona que se sitúe en una posición intermedia entre los padres y los chicos, y que intente ayudarle al menos a desahogarse, a que supere la ansiedad que provoca el miedo y pueda encarar desde otra perspectiva la situación. Por ejemplo, los tutores, orientadores, un profesor, un tío, un hermano mayor, una amiga de la madre, etc. Los profesores pueden ayudarle a desarrollar esas habilidades de las que puede carecer en su trato con los demás, pero también se encuentran obligados a evitar cualquier tipo de acoso y humillación; y sobre todo, con su forma de actuar y valorar los comportamientos de los jóvenes, contribuir a la integración de la diferencia como parte del proceso educativo. Sobre todo los padres, desde una edad muy temprana, pueden irles formando en las pautas necesarias para incentivar las emociones positivas y la sociabilidad frente a las negativas.

También puede ser de gran ayuda la visita a un especialista en el desarrollo de habilidades sociales, que intentará trabajar aspectos como la asertividad y la autoafirmación, pero sobre todo aquellas relacionadas con el hecho de defender los propios derechos, y hacerlo adecuadamente en esas situaciones en que no son respetados.

Debemos ayudar al joven a comunicar a los demás cómo interpreta una situación en la que ha sido tratado injustamente o se le ha molestado. Para ello es necesario:

1. Ser consciente de sus derechos.
2. Darse cuenta de cuando se está a disgusto y por qué.
3. Comunicar una queja:
    a. Buscando el mejor momento.
    b. Utilizando la expresión verbal correcta, breve y clara, sin rodeos, sin enrollarse y con un único mensaje.
4. Utilizar un tono de voz firme, tranquilo y asertivo, contacto visual, y mantener una distancia cercana al interlocutor. Se trata de decirlo de forma amable, respetuosa y positiva, sin ser autoritario ni punitivo. Para que nos respeten tenemos que respetar nosotros también; no herir, ni humillar.
5. Pedir un cambio de conducta con sugerencias o peticiones explícitas.
6. Por último, agradecer a la otra persona su actitud receptiva.

Estos mismos consejos son de utilidad para los adultos. Hay que ser crítico con uno mismo, saber encontrar los verdaderos problemas pero sin culpabilizarse por ser como somos, ya que una las principales causas de la soledad es la de aquellos que se muestran convencidos de que no resultan amables, ni dignos de ser apreciados, y rechazan cualquier tipo de amigos potenciales con el objetivo de protegerse a sí mismos del posible rechazo.

1.1.2. Adjudicación, categorización y encuadramiento en la infancia

Conviene insistir en la importancia que tienen esos ejercicios de «encuadramiento» y adjudicación de papeles que todos realizamos en los primeros momentos de anexión a un grupo y que este aspecto tiene una mayor relevancia en lo que concierne al mundo y la felicidad de los más pequeños. Al igual que ocurre con cualquier otro grupo humano, el grupo escolar procederá —tanto alumnos como profesores— a un reparto de papeles que les facilitará su actuación posterior sobre la base de las expectativas creadas. En estos momentos es cuando el joven debe intentar mantener una mayor seguridad, pero también establecer los primeros lazos de amistad con aquellos compañeros con los que existe una afinidad mayor. La importancia de estos momentos de encuentro con nuestros iguales es clave, porque más adelante será muy difícil cambiar en las personas las ideas preconcebidas, y conviene que nuestros hijos estén preparados para observar en estos primeros días cuál es la posición estratégica en el reparto de roles y la que menos les perjudicará frente a sus profesores y compañeros.

El reparto de «papeles» y la adjudicación del de marginados a una buena parte de los niños y niñas es un proceso que se repite en otoño en las aulas de todo el mundo y sobre el que nada pueden hacer los buenos deseos o las presiones. En descargo de todos aquellos que, por diferencia, sensibilidad o humanidad han sido segregados desde los primeros años de su vida, podemos argumentar que este hecho, nada favorable de por sí, ayuda a desarrollar una serie de aptitudes y «resistencias» que les lleva más tarde, en la madurez, a posiciones de verdadero liderazgo social y podemos afirmar esto por propia observación, pero también a tenor de los múltiples casos de los que tenemos noticia. Los ejemplos serían innumerables, pero hemos pedido a una joven, Ruth E. Álvarez Ochoa, que nos describa la experiencia con sus propias palabras.

La historia de Ruth

El mundo de los niños es como una sociedad extremadamente jerarquizada: está el típico niño «guay» que juega al fútbol casi a la perfección, con su séquito de siervos cuya única misión es recordarle lo bien que juega y el éxito que tiene entre las niñas; la chica mona de la clase, con su ropa imitando a la de una adolescente, una actitud altiva y dominante que le ayuda a desempeñar su papel de jefa suprema y a mantener bajo sus órdenes al resto de niñas a las que admite en su selecto grupo de amigas; y, por último, el grupo marginal. En éste se encuentra el muchacho torpe al que no se le da bien jugar al fútbol y que sirve de utilero y mascota para el resto del equipo; la niña muy estudiosa a fuerza de que nadie le saque de casa y a la que todo el mundo ignora hasta que necesitan sus apuntes con la llegada de los exámenes; y por supuesto, la figura que nunca falta, la niña o niño gordito sobre quien se centra la mayoría de las burlas de los compañeros y en cuya compañía nadie está dispuesto a dejarse ver.

Esta jerarquía se hace más presente en un pueblo, ya que no hay muchos niños con los que compartir juegos, por lo que es casi imposible pasar de una posición social a otra sin que ningún compañero se oponga y debas volver a bajar al mundo de los marginados, donde los puzzles y la televisión son tus únicos amigos.

Bueno, independientemente de cuál de los personajes marginales citados fuese mi caso, la historia se repite por igual en cada uno de nosotros. Ser uno de esos niños implica una infancia llena de soledad, excluido de todos los juegos y excursiones que planean ilusionados el resto de compañeros y a los que siempre sueñas estar invitado; ridiculizado por todos cada vez que sales a la pizarra o tienes que hablar en público...Todo esto hace que un niño se vuelva solitario y huraño, y la mayoría de las veces siempre va acompañado por un sentimiento de inferioridad que le será muy difícil olvidar con los años.

Ahora ha pasado mucho tiempo desde todo aquello, de las burlas y la soledad que me acompañaron a lo largo de mis primeros años de vida, y lo único que me produce recordar ese tiempo es una inmensa carcajada al comprobar cuánto han cambiado las cosas. El hecho de ser una persona despreciada por todos durante mucho tiempo ha hecho que sea yo quien me valore, quien intente buscar todo aquello bueno que hay en mí para apoyarme en ello, y esto al final se traduce en seguridad y confianza en mí misma y en mi trabajo.

La verdad es que todos hemos cambiado mucho y ahora nos llevamos bien, aunque algunas personas piensan que todo sigue igual y viven en el pasado, recordando sus días de gloria. Quizás ahora sean ellas el llamado «grupo marginal», pero ya no existe escarnio. Y es que la crueldad de los niños no tiene límite.

Todos nacemos con unas características, sería ridículo esperar y obligar a todos los niños a contar con aquellas cualidades que les convierten en admirados, tremendamente sociables o líderes. Sí podemos, en cambio, ayudarles para que sus problemas de sociabilidad sean los menos posibles y que el denostado papel del diferente, marginado, acosado o bobalicón de la clase, no sea el suyo. Como observamos en el caso de Ruth, tanto la inteligencia como la torpeza, la gordura como la delgadez, pueden ser objeto de mofa, y la admiración y el respeto de los demás se encuentra en ciertas capacidades (jugar al fútbol, saber vestir, hablar, etc.), pero sobre todo en la adhesión que los otros manifiesten por éstas y por la persona en cuestión. Para ello es importante desarrollar habilidades como la autoafirmación, la autoconfianza y la sociabilidad, antes que otras virtudes que a todos agradan (como ser agraciado o estar delgado, por ejemplo) y que podrán pasar a segundo término.

1.2. Cambio de domicilio. Desarraigo y soledad

A los amigos, como a los dientes, los vamos perdiendo con los años, no siempre sin dolor.

RAMÓN Y CAJAL (1852-1934)

No pocas familias enteras, y con ellas los niños, cambian una o varias veces de lugar de residencia a lo largo de su vida, en donde el desarraigo es uno de los más claros exponentes de inadaptación y soledad. El mismo trastorno puede sucederse en el microuniverso de los más pequeños, cuando lo que se produce es un cambio de colegio, o cuando debemos pasar de la escuela a la universidad, de ésta a la vida laboral, o de uno a otro traba-jo. Algunas personas, sobre todo las más extrovertidas, pueden entablar pronto contacto con sus nuevos vecinos o compañeros, mientras que otros nunca conseguirán encajar en su nuevo destino ni llegarán a entablar au-ténticos lazos afectivos como los originarios.

Pero, la situación más común entre los emigrantes no suele ser la del profesional que mejora de expectativas laborales y vitales, sino más bien la de las personas que ante una situación de depresión económica en sus países de origen deben dejarlo todo y no partir con más equipaje que su fuerza de trabajo. Los desequilibrios psicológicos, resultado de la pérdida de autoestima y de identidad, la desintegración familiar y la inseguridad, son parte de los efectos que la migración puede causar en los seres huma-nos. Las grandes migraciones traen como consecuencia, además, el de-sempleo y la falta de acceso a los servicios sociales básicos —como la asis-tencia sanitaria—, y en definitiva soledad y marginación. En el peor de los casos, la emigración puede ser el caldo de cultivo para la explotación, y con ella la prostitución, el maltrato y la violación de los derechos hu-manos.

La emigración en sí misma es una realidad que nos expone a situaciones de aislamiento, incomunicación y soledad. Siempre quedan familiares en el lugar de origen, en muchos casos los más próximos, a lo que se unen los problemas con el idioma y las costumbres. En conjunto, en el proceso de adaptación se produce una suma de acontecimientos estresantes relaciona-dos con el nuevo clima, el sobreesfuerzo físico y psíquico, el desconoci-miento geográfico o el cambio del medio rural al urbano. Estos sentimien-tos de aislamiento y hostilidad pueden desencadenar trastornos psicológicos muy variados como la depresión, la ansiedad, el fracaso escolar en los niños, o diferentes psicosis en el emigrante y su familia; razón por la cual es de gran importancia conocer todos los recursos sociales y asistenciales que la sociedad les dispensa para vencerlos.

Un nuevo marco cultural, poblaciones más o menos hostiles, van a de-parar un conjunto de resistencias en la sociedad de acogida hasta su total adaptación a la nueva forma de vida, e incluso después. El emigrante pue-de ser considerado un verdadero extraño que con su modo de vida cues-tiona las normas culturales y de convivencia establecidas. Cuando deba aceptar peores condiciones de trabajo, los trabajadores residentes le considerarán culpable de la devaluación de sus expectativas económicas, o por el contrario, también será censurado si llega en unas condiciones retributivas más favorables, lo que de un modo u otro le convertirá en el objeto de resentimiento.

En algunas ciudades más cosmopolitas, o en aquellas culturas más hospitalarias, los problemas de adaptación son menores, pero incluso en las condiciones más benévolas —como cuando el extranjero procede de un país mejor conceptuado, o cuando el traslado se produce en el seno de una misma nación, provincia y empresa—, el hecho de salir del entorno en donde se han forjado los amigos íntimos, valores y estilo de vida, siempre implica problemas de adaptación y sentimientos más o menos intensos de soledad. El inmigrante con el paso del tiempo irá adoptando los valores y rasgos culturales de la sociedad en la que reside y en la que es considerado extranjero, lo que a su vez le hará sentirse distanciado y aislado también frente a la población de origen. Extraño en una y otra comunidad, los emigrantes y exiliados encuentran su mejor apoyo entre las personas en su misma condición.

En cambio, igual que ocurre con los niños solitarios, la adversidad ha logrado desarrollar un fuerte instinto de resistencia, de superación y supervivencia en estos colectivos —de los que las demás personas carecen—, y que es transmitido a sus hijos. El ansia por salir de su aislamiento, su estatus deprimido y denostado, les hace trabajar con más ahínco por el éxito social. Son infinidad los ejemplos de grandes personajes que fueron emigrantes o son hijos de éstos.

Un caso que siempre suele citarse es el de los armenios, o aún más conocido el de los judíos, históricamente avocados a la emigración y la diáspora. En dichas circunstancias han germinado talentos como el citado Abraham Maslow (1908-1970), hijo de emigrantes rusos-judíos en Estados Unidos, además de niño solitario; Einstein (1879-1955), que a la edad de quince años tuvo que dejar la escuela en Munich cuando su familia arruinada se vio obligada a trasladarse a Milán; o Freud (1856-1939), cuya familia tuvo que huir a Leipzig después de los disturbios antisemitas en Friberg cuando él apenas tenía tres años.

En algunos países como Estados Unidos, el cambio en la localidad de residencia es más habitual que en otros como España, en donde la movilidad geográfica de los profesionales se encuentra menos introducida. Para hacernos una idea, en España la movilidad geográfica de sus directivos no supera el 8 por ciento, frente al 38 por ciento de directivos franceses que aseguraban haber cambiado una o más veces su residencia.[2]

Previniendo estas dificultades, las empresas ya ofertan a sus directivos servicios de redireccionamiento de carrera o *outplacement,* conocidos como programas para la recolocación del cónyuge, que buscan que el empleado/a su vez acepte una nueva ubicación laboral sin que la movilidad geográfica llegue a afectar a su decisión, a la de su pareja y o a su entorno familiar. Se le ayuda a la elección del nuevo domicilio, de los centros de formación de los hijos o de salud para los padres, se le facilitan todos las medios para la adaptación a las costumbres de un nuevo país o región, así como la búsqueda del nuevo empleo del cónyuge, con la orientación especializada para el diagnóstico de su perfil, expectativas profesionales y posibles ofertas de trabajo.

Quiere esto decir que las empresas cada vez son más conscientes de la importancia que tiene el hecho de no perder el apoyo familiar para mantener el rendimiento de los altos directivos. Ahora bien, la integración de los más jóvenes es algo más complicada, al tener que renunciar a sus amigos y familiares más cercanos, y lo peor de todo, al enfrentarse a la prueba de fuego de la adaptación por parte del nuevo grupo. Como ya se ha puesto de manifiesto, este paso entraña no pocos riesgos para el desarrollo educativo y la estabilidad emocional de los niños y niñas; y no está de más que los mayores ayudemos en estos primeros momentos a la integración de los jóvenes haciendo que conozcan, primero de forma individual, a alguno de sus futuros amigos, o procurando atraer a nuestra casa a los vecinos o conocidos con hijos de su edad. Ellos lo agradecerán, aunque para nosotros pudiera parecernos menos necesaria una adhesión tan inmediata en la nueva comunidad.

Por otra parte, la primera impresión es fundamental en las relaciones interpersonales, y si dejamos pasar tiempo sin establecer situaciones cordiales entre nuestros vecinos y compañeros, será cada vez más difícil. La llegada a un nuevo vecindario, a una nueva ciudad, será la excusa perfecta para hacer una fiesta, algún encuentro programado, etc.

---

2. Informe de Arco Creade. Capital Humano (Infor. 24, octubre, 1998), Cita. Ramos (2000:47).

Las personas emigrantes necesitan asimismo mantener unos lazos de amistad y solidaridad más estrechos, sobre todo con las personas de su mismo lugar de origen, y por extensión con aquellos que les simpatizan y ayudan, como por ejemplo, los miembros de las iglesias, las ONG, determinados grupos políticos, etc.

En todos los tiempos han existido sitios de reunión, centros culturales, casas regionales, en donde se han dado cita las personas procedentes de un mismo lugar. Ahora bien, tan importante como no sentirse solo y encontrar ayuda en estos primeros momentos, será establecer unas verdaderas intenciones de adaptación a la comunidad que nos acoge; comenzando por la integración en la vecindad y procurando visitar a personas, profesionales, asociaciones con los que podamos tener un mayor apoyo en esta tarea.

No está de más, si nuestra economía nos lo permite, ingresar en un colegio profesional o en otro tipo de asociación corporativa, que nos permita establecer lazos de cooperación y amistad con las personas del nuevo lugar de origen con los que tengamos puntos en común. Una asociación de empresarios del ramo, asociaciones relacionadas con nuestros estudios, preferencias culturales, ideología o aficiones culturales, puede ser el primer paso para sentirnos como en casa en cualquier lugar del mundo, y lo más importante, para establecer las primeras redes de amistad y ayuda para nosotros y nuestras familias.

Existen personas que colaboran con diversos movimientos sociales (pacifistas, feministas, ecologistas, ayuda a colectivos específicos) que pueden establecer contactos previos y posteriores en el país de destino. Afiliados a partidos o sindicatos, miembros de asociaciones profesionales (médicos, psicólogos, maestros, arquitectos...), pueden contactar con sus respectivos grupos de interés (aparejadores, electricistas, camareros, albañiles, etc.) y llegar con relaciones preestablecidas, cartas de presentación, programas sociales desde los primeros días de estancia. Todo ello revertirá en unas mayores posibilidades para obtener información privilegiada para conocer nuestras expectativas laborales, buenas ofertas de trabajo, pero también, para establecer vínculos de amistad que hagan más rápida y grata la adaptación a un país, que ya no será extranjero.

1.3. Rebelde con causa: la soledad en la adolescencia

Es cierto que apenas nacemos nos sentimos solos; pero niños y adultos pueden trascender su soledad y olvidarse de sí mismos a través de juego o trabajo. En cambio, el adolescente, vacilante entre la infancia y la juventud, queda suspenso un instante ante la infinita riqueza del mundo. El adolescente se asombra de ser.

OCTAVIO PAZ (1914-1998)
El laberinto de la soledad (1998:143)

Durante la adolescencia, el descubrimiento de que los padres no son realmente las personas que se habían idealizado durante la infancia, ni la sociedad tal como la habían imaginado, puede provocar un conflicto psicológico y desembocar en una crisis de rebeldía. Dicha crisis se traduce en el alejamiento de los progenitores, con sentimientos de soledad y abandono contrarios a los de acercamiento y protección de la infancia; y suele ir acompañado también de un distanciamiento de la religión y los valores inculcados en la familia y el colegio, y de otras manifestaciones de disconformidad propias de la juventud, como ciertas modas.

Los hijos e hijas que tienen mayores dificultades para aceptar la disciplina pueden manifestar su rebeldía desde edades tempranas, sin embargo, es durante la adolescencia cuando se exacerban más estas actitudes. El adolescente penetra en una fase de reafirmación del yo, en la que es frecuente que culpe a la sociedad —y a su familia como parte de ella— de todos los males y en especial de su soledad y desasosiego interno. Esto puede traducirse en un fuerte idealismo anticonformista, o tan sólo en un fuerte desencanto que le desvincula de todo aquello que no esté relacionado con la diversión.

En ambos casos se produce una renovación —o simplemente destrucción— de los valores inculcados por otros nuevos (contraculturales o no), que pueden llegar a convertirse en ausencia de principios (lo hago porque me apetece). La maduración física le hace sentirse profundamente desarraigado desde el punto de vista afectivo y moral de los padres, los tutores y las normas dominantes en ese ambiente infantil. El joven se siente solo y los grupos de iguales no siempre pueden suplir o acompañarle en esta pérdida de referentes, llevándole a un proceso de automarginación y búsqueda de nuevas amistades. Ya que muchos de sus antiguos amigos pueden resultarle infantiles y demasiado conformistas.

En consonancia con este sentir, la cultura de los jóvenes ha estado poblada de personajes solitarios, que parten en busca de sí mismos y de un sentido propio y nuevo (no tradicional) de la existencia. Una obra ya legendaria con estas características es la del escritor alemán Herman Hesse (1877-1962, premio Nobel de literatura en 1946), *El lobo estepario* (1927), con el que lleva al lector a un laberinto de experiencias para simbolizar la escisión entre la individualidad rebelde y la convenciones burguesas tradicionales. Esta temática es también el fondo de otras de sus obras que han sido refugio de muchas generaciones de jóvenes, como *Demian* (1930), *Siddhartha* (1922), *Peter Camenzind* (1904), *Narciso y Goldmundo* (1930).

Durante la adolescencia, los jóvenes van adquiriendo unas necesidades nuevas en relación con los amigos y su vida social. Necesitan unas relaciones más intensas, en la medida que el desapego de los padres es mayor: relaciones de amistad con ambos sexos y más amplias, que abran para ellos nuevos horizontes y perspectivas del mundo. Con algunos amigos pueden compartir problemas muy similares y una misma rebeldía, propiciando la gestación de nuevos códigos morales. A su vez, será cada vez más importante el reconocimiento y la definición de su rol dentro del grupo, así como saber conducirse con habilidad en el trato con el otro sexo, adoptando conductas apropiadas.

Las expectativas que sobre la amistad se forjan los adolescentes son bastante altas y pueden incluso no llegar a ser tan intensas y sinceras en ningún otro momento de su vida. Y por ello también, cualquier desbarajuste de sus amistades, lógico por otra parte en estos momentos de grandes cambios, puede hacerle mucho daño y ahondar en ese sentimiento de soledad.

Si la rebeldía y el inconformismo han sido características definitorias de la propia juventud a lo largo de los tiempos, también es cierto que en algunos jóvenes existen grados de automarginación que llegan a ser conflictivos, incluso a responder a personalidades patológicas. Sin embargo, éstas se encuentran muy lejos de la habitual problemática del adolescente.

Los padres preocupados tanto por la excesiva atención a los amigos y amigas, por su lejanía, como por cualquiera de sus manifestaciones rebeldes, se sienten también solos a la hora de hacerse comprender y ayudar a sus hijos.

Se dice que los padres pueden ser el origen de los problemas serios de los hijos en la adolescencia; como es la timidez o de la propia rebeldía, en la que suele reconocerse que un excesivo proteccionismo —al igual que de autoritarismo o de vivencias de agresividad y violencia— pueden encontrarse tras las causas. Lo cierto es que padres con varios hijos pueden encontrar patrones de comportamiento muy dispares entre todos ellos negando argumentos tan deterministas.

Por otra parte, podemos quitar gravedad al problema de la rebeldía en la juventud, si comprobamos que siempre se ha dicho que el avance científico, las grandes empresas y los grandes riesgos que a ellos conducen se alimentan de espíritus rebeldes e inconformistas, que el conocimiento en definitiva es revolucionario, y que serlo con diecisiete años es tan normal como no serlo con cuarenta.

Estos y otros argumentos por supuesto no satisfacen a los padres que temen encontrarse ante la faz de un delincuente potencial, y mucho menos a los jóvenes que introduciéndose en las modas y las formas de un ya tópico anticonvencionalismo, no terminan de resolver esa soledad a la que les avocan la inconsciente propensión de la familia a tratarles como niños, y la insuficiente conexión con unos compañeros, que a fin de cuentas, no se encuentran en disposición de pensar en alguien más que no sea en ellos mismos y sus propias cavilaciones.

También entre los grupos juveniles puede ocurrir que precisamente las cualidades más admiradas sean las de la rebeldía y el comportamiento marginal, siendo los agresivos del grupo más aceptados que sus víctimas. En este mismo punto se dan los dos extremos: los chicos o las chicas prudentes pasan a ser marginados, mientras los jóvenes marginales y automarginados son respetados, al tiempo que infringen su violencia sobre los otros, tal vez como resultado de su propia frustración. Este contexto describe episodios de pánico, aislamiento y acoso en las aulas, de los cuales ya hemos hablado en el apartado dedicado a la infancia y de los que no perderemos oportunidad para seguir hablando, pero que han existido, existen y seguirán existiendo, sin que se hayan encontrado leyes, ni mejores remedios. El o la joven se sentirá solo en la agresión, pero mucho más en el silencio de sus compañeros. La salida a estas situaciones tan angustiosas puede ser el fracaso escolar, como forma de librarse del colegio, del entorno que les bloquea y aísla. De ahí la importancia de ayudar a nuestros hijos para que tengan un grupo sólido de amistades, sobre el que encuentren menores posibilidades de intromisión este tipo de jóvenes violentos que buscará siempre al más débil, al más solitario.

Algunos factores que se han formulado como coadyuvantes a la soledad del adolescente (Rice, 1999:267) son:

1. Un sentido de separación o alienación de los padres, o la falta de implicación positiva en la vida del niño por parte de éstos.
2. Familias rotas.
3. Nuevas capacidades cognitivas que llevan a hacerse consciente del yo.
4. Un creciente sentido de la libertad, que produce miedo.
5. La búsqueda de la identidad personal.
6. La lucha por metas significativas.
7. Estatus marginal de los adolescentes en la sociedad.
8. Un feroz individualismo competitivo que lleva a sentimientos de fracaso y rechazo.
9. La excesiva expectativa de popularidad.
10. Una baja autoestima y fuertes sentimientos de autocompasión y pesimismo con respecto a gustar y ser aceptado por los otros.
11. Apatía y desgana, bajas aspiraciones educativas y ocupacionales que llevan a un ciclo de fracaso y aislamiento.
12. Timidez severa o un excesivo sentido del ridículo.

En todas estos factores podemos ver reflejado el espíritu adolescente. Chicos y chicas se preocuparán por gustar a sus iguales y parte del proceso consiste en ser aceptados por los miembros del grupo que admiran, siendo muy sensibles a sus críticas. Una opinión negativa sobre su físico o su persona puede llevarles a creer extremos que no son ciertos, como que no son atractivos o que están gordos. Es por ello importante en estos momentos estimular la autoestima, que habrá de influirles tan favorablemente a la hora de relacionarse con los demás.

El adolescente se mueve y se distingue a través del grupo, que suele coincidir en rendimiento académico, estatus socioeconómico, reputación, rasgos de la personalidad, ideología, forma de hablar, indumentaria... Esta conformidad con los valores grupales contrasta con la rebeldía e inconformidad con los de sus mayores, máxime cuando estos últimos comprueban que dichos valores se relacionan con comportamientos antisociales, como ciertas vestimentas, tatuajes, compañías desconocidas, o incluso pequeños robos o consumo de drogas, etc. La desvinculación de las normas de los padres puede llevarles al «todo vale», a comportamientos a los que no nos tenían acostumbrados. Sin embargo, para el joven o la joven, muchas de estas trasgresiones suponen el medio para ser reconocidos entre sus amigos, para no estar solos.

Otras formas de encontrar aceptación que irritan menos a los familiares son el deporte y las actividades extraescolares o de ayuda a la comunidad. Los jóvenes que participan en este tipo de tareas suelen ser más sociables y populares, y esto les permite unirse a las estimadas pandillas sin tantos riesgos. Cuando los grupos se reúnen por un objetivo concreto, como jugar a un deporte, participar en una actividad altruista, el montañismo, el aprendizaje de un idioma o los viajes, es más posible que no se molesten en buscar otras posibilidades o trasgresiones para conseguir nuevas emociones y matar el tiempo. La tarea ya está marcada de antemano.

En principio, esto puede alejarles de actividades peligrosas, como el consumo de estupefacientes o los juegos de riesgo, mientras la propia soledad, la timidez y el aislamiento se han manifestado como fuertes inductores del consumo de drogas. Así, Page (1990) llegó a la conclusión de que los adolescentes tímidos tienen mayor tendencia a consumir drogas ilícitas que los que no lo son. Éstas pueden ser un medio para intentar superar sus sentimientos de inferioridad social, para sentirse bien, pero también para tener un motivo (el consumo, invitar, charlar sobre la compra conjunta, compartir sustancias y experiencias), un objetivo para la relación. Las drogas, y entre ellas el alcohol, el cannabis, las drogas de diseño y los derivados de las anfetaminas, ayudan a desinhibir las personalidades más retraídas, a entablar unas relaciones más abiertas con el sexo opuesto, a tener una «vida» y unos códigos propios; y los jóvenes las viven como una ayuda múltiple: se relacionan, se sienten integrados y pierden el miedo a manifestarse.

En resumen, podemos afirmar que las dos formas fundamentales para que los adolescentes encuentren la aceptación que buscan, sin caer en la trampa de los paraísos artificiales, se encuentran relacionadas con el desarrollo de habilidades personales que los demás admiran (como la imagen, las marcas deportivas, incluso las calificaciones), y en segundo lugar, en el trabajo de las ya citadas habilidades sociales. Éstas pueden ser más desarrolladas en la medida que dichos jóvenes tengan mayores oportunidades para la convivencia, el enriquecimiento personal, el trato sincero, pero también en la medida que encuentren un ambiente estimulante y rico en su hogar para las relaciones humanas.

Por último, cabe concluir el efecto notorio sobre chicos y chicas del momento de tránsito cultural en el que nos ha tocado vivir, sobre todo en forma de indeterminación de los roles sexuales, el cual genera incertidumbre, infelicidad y soledad. Esto es difícilmente detectable a través de los indicadores económicos —como lo es la tasa de paro o la inflación—, pero sí se traduce en las altas tasas de fracaso escolar, dificultades de adaptación de los jóvenes y adolescentes, que sólo atisbamos a interpretar a través de sus manifestaciones (depresión, drogas, alcohol, etc.).

Grosso modo, la determinación de roles sexuales es la que conseguía que chicos y chicas conociesen a la perfección lo que se esperaba de ellos, y el precio de las transgresiones. Hoy en día los trayectos personales y de actitud no se encuentran definidos: un chico puede llorar, una chica puede manifestar sus deseos y tomar la iniciativa sexual, pero tanto éstos como los comportamientos contrarios pueden ser sancionados duramente por el grupo y la sociedad. Ya no está claro qué se debe y no se debe hacer para ser aceptado/a, y de paso no ser separado del grupo y caminar con pie firme en la vida.

Esta indefinición de los papeles que cada uno debe desempeñar entre los amigos, en el lugar de trabajo, para enfrentarse a desconocidos, nos llevan a lo que Gergen (1994) define como *multiplicación de estímulos sociales*. Es decir, que la pluralidad de modelos y la saturación de modernas tecnologías producen muchos estímulos que quiebran el sentido de coherencia en la vida cotidiana. «El hombre escucha muchas voces», y la soledad deviene así en la fragmentación del sentido de sí mismo. Este problema es más acuciante en el caso de los adolescentes, para los que es tan importante la demarcación del *yo*, la conquista por sí mismos de mayores cotas de certidumbre sobre su personalidad y sobre el mundo que les rodea.

1.4. Todos encuentran pareja

Nada es permanente,
sólo el cambio es permanente.

HERÁCLITO (c. 540- c. 475 a.C.)

1.4.1. A cuentas con el emparejamiento

Cuando amigos y conocidos comienzan a entablar relaciones de pareja, en especial cuando se casan o inician la convivencia, puede asistirnos la sensación como de ir quedándonos solos. Las amistades se van distanciando, tienen menos tiempo para nosotros. Cuando comprobamos que no tenemos amigos para pasar nuestro tiempo como antes, el hecho de no haber encontrado todavía la pareja adecuada puede llegar a vivirse con mayor o menor intranquilidad.

Podemos propiciar el reencuentro con los antiguos amigos, pero igualmente nos invade la impresión de que ellos ya tienen sus parejas, los hijos, otros amigos, y unos círculos en los que no es tan fácil encontrar un espacio. Los temas de conversación cambian y ya no es posible tener un momento para hablar de nuestros problemas con la misma intimidad o salir «como en los viejos tiempos». Pareciera que estuviésemos perdiendo algún tren. Y lo que es aún más incómodo, a nuestro alrededor se comienza a notar un halo de conmiseración absurdo. ¿Es que no es posible ser feliz estando soltero o soltera? ¿En dónde está escrito que exista una obligación o un momento para estar emparejado/a? ¿Quién está tan seguro de que nuestra vida de casado/a será más satisfactoria y la única alternativa? Con los problemas de convivencia que plantean los matrimonios en nuestros días, ¿por qué tienen todos tanta prisa en encontrarnos pareja?

Cuando algunas personas que nos quieren bien intentan presentarnos otros amigos y amigas, surgen mayores temores. La situación es forzada, y por tanto resulta menos propicia para el surgimiento de una amistad espontánea, o el culturalmente ensalzado enamoramiento, representado como improvisación y azar. En ocasiones nos presentan personas inmersas en una gran soledad debido a reiterados fracasos en sus relaciones íntimas, o que por no ser capaces de conseguir un compañero estable, se han sumido en el letargo, la tristeza, la pasividad o la desesperanza, de los que queremos alejarnos.

Al llegar a ciertas edades sin pareja, nos vamos encontrando que cada vez es más exigente el rasero de nuestras propias ideas preconcebidas sobre lo aceptable e inaceptable del ser con el que deberíamos convivir. Y cuando nos presentan alguien sin compromiso, pasan por nuestra cabeza todos aquellos aspectos que consideramos que han hecho que, a pesar de tener amigos tan dispuestos, la mujer o el hombre que tenemos ante nuestros ojos no haya encontrado una relación.

Que la pareja nunca llegue, o que cuando llegue no permanezca el tiempo debido, es la situación en la que se encuentra la persona soltera con o sin vocación de serlo. La soltería, cuando todos los amigos la han perdido, suele ser vivida con impaciencia, sobre todo por parte de las mujeres para las que el reloj biológico recuerda más a menudo los estrechos márgenes del período reproductivo, pero también por muchos varones ansiosos por tener una familia que se hace esperar. No se desea renunciar al amor romántico, tampoco al concepto de pareja complementaria. En algunos casos, sencillamente no se desea el matrimonio, perder la independencia, pero tampoco renunciar al hecho de tener hijos, o bien a estar acompañados. En cualquiera de estos casos estamos bajo los efectos de valoraciones culturales, que no siempre nos dan la medida verdadera de las cosas, y que pueden incluso llevarnos a vivir una angustia permanente e innecesaria o a tomar decisiones erróneas.

1.4.2. Trampas culturales para solteros y casados

Muchos hombres y mujeres que invirtieron tiempo y esfuerzo de su juventud en grandes empresas se sienten defraudados cuando parientes y conocidos no hacen más que lamentarse por su soltería. Las madres, en ocasiones ansiosas de conocer a sus nietos, o sencillamente de ver que alguien cuida de sus hijos e hijas, les presionan sin pensar que de este modo no hacen más que incrementar un malestar de forma innecesaria. En no pocas ocasiones esta presión lleva a enlaces poco meditados, o al menos, no tan deseados como para sustentar las erosiones diarias de la difícil convivencia.

Pero si nos fijamos con detenimiento, esas expectativas sociales que se ciernen sobre nuestra vida privada han estado ahí desde siempre. En el caso de las mujeres es difícil encontrar reuniones familiares que no pasen por cierto tipo de interrogatorios-culpabilizatorios que van cambiando de argumentos con la edad. No hemos cumplido los dieciséis y ya nos preguntarán si tenemos novio; cuando lo tenemos, sobre cuándo nos casamos; cuando lo hacemos, cuándo seremos mamás; cuando tenemos un bebé y todavía no hemos superado las secuelas del posparto, que para cuándo la «parejita»; nacido el segundo de la parejita, nos seguirán preguntando asuntos similares, hasta que nuestra hija cumpla los dieciséis y entonces comenzará de nuevo la rueda con la misma serie de preguntas.

Algo parecido pasa en el caso de los varones cuando les preguntan por su trabajo, novia y los proyectos de familia. Si todo este trayecto (trabajo, novios, casa, hijos...) lo han seguido los demás, y nosotros/as seguimos voluntaria o involuntariamente solteros, es una única pregunta-reproche la que se ha repetido durante años hasta la saciedad. El lado positivo será, al contrario que seguramente ocurrirá con nuestros amigos casados, que pasados los cuarenta y tantos nos empezarán a dejar tranquilos.

En definitiva, las expectativas sociales sobre nuestra vida privada dependen mucho de los tiempos y las modas, no son las mismas ahora que hace veinte años, cuando por ejemplo, no se esperaba que la mujer trabajase para contraer matrimonio sino más bien al contrario. Ahora bien, estas modas son más que nunca imprecisas y contradictorias en las sociedades modernas, aunque sigan modulando las decisiones y comportamientos de las personas. De ahí el interés en ser relativizadas, atendidas en su justa medida, para no caer en la trampa «cultural» de la infelicidad, tanto en el matrimonio como en la soltería.

La primera contradicción es en la que incurrimos con la idealización de las relaciones interpersonales que realizamos los occidentales, y que como afirma el doctor Storr (2001:14) hace que sea la causa de que «el matrimonio, el vínculo, supuestamente más íntimo, sea tan inestable».

En segundo lugar, decidir a priori cuál será el fin ideal de nuestra existencia (de nuestra, la de todos) supone no sólo un determinismo que no atiende a las necesidades particulares de los seres humanos, sino que además mitiga todo aquello que dicho viaje pudiera tener de motivador. El propio Freud, padre del psicoanálisis, corriente que por excelencia da a la satisfacción conyugal una importancia sin precedentes en la salud mental de los individuos, consideraba que eran dos los pilares de dicha salud: la capacidad de amar y la capacidad de trabajar. La forma y el reparto de ambos queda, cabe imaginar, al arbitrio de cada individuo.

El peligro de idealizar el amor romántico —ya sea desde el ámbito profesional o desde el de la cotidianidad— como única fuente de estabilidad psicológica y de felicidad, como única vía de salvación o muestra de haber conocido la vida en su plenitud, puede llevar a muchas personas a vivir el matrimonio como un verdadero fraude, en donde la pasión suele ir disminuyendo y con ella las atenciones, mientras las dificultades en la convivencia, las nuevas obligaciones y las cargas económicas van en aumento. En resumen, y como afirma Alborch (2000:23), pasión y matrimonio son incompatibles en esencia. Sus orígenes y finalidad se excluyen y de su coexistencia nacen problemas insolubles.

Por el contrario, la soltería no parece más halagüeña si pensamos que la carga económica que toda vida adulta conlleva y la inestabilidad en el empleo deben ser afrontadas en solitario, y además sin gozar del apoyo y la satisfacción que producen el cónyuge y la descendencia. ¿Dónde está entonces la solución de este dilema sobre el que gravita nada menos que la felicidad de tantas personas?

1.4.3. Felicidad a la carta

No tener pareja es una fase de la vida en la que se puede entrar o salir varias o muchas veces a lo largo de ésta y a edades muy diversas, en la mayor parte de los casos sin tener demasiado control sobre este hecho. Es, por tanto, un estado provisional y no definitorio de nadie, al igual que en las sociedades avanzadas no debe serlo el hecho de tener pareja, o ser pareja de, ya que a todos se nos debe el mismo trato.

Hombres y mujeres que viven solos, matrimonios rotos, familias monoparentales, parejas de hermanos y amigos que conviven bajo el mismo techo, grupos de personas del mismo sexo o sexo opuesto que comparten gastos de alquiler, divorciados o solteros que viven reagrupados con su descendencia o la de su pareja... son la expresión de una nueva organización familiar que nada tiene que ver con el estereotipo cultural del solte-ro viejo o la solterona.

Para empezar, existen muchas personas que prefieren la soledad, quie-ren estar solos pero no aislados, y esto no sucede siempre por razones de in-capacidad para establecer relaciones afectivas ni por desengaño. Puede tratarse simplemente de una opción ante las inmejorables expectativas de las que en la actualidad gozan hombres y mujeres solteros: tener tiem-po para uno mismo, mayor disposición horaria y económica para viajar, acudir a fiestas y actos sociales, dedicarse a actividades formativas, depor-tivas, culturales, políticas y filantrópicas. Además, está mejor vista la emancipación de los padres a edades cada vez más tempranas, pero tam-bién la confortable opción de cuidar y dejarse cuidar por unos progenito-res con una calidad de vida que dura hasta edades más avanzadas.

Ellos y ellas pueden sentirse deseables, dignos de encontrar el amor hasta edades que nunca antes hubiésemos imaginado. Los maduritos/as gozan de las prerrogativas del atractivo que proporciona la independen-cia y la seguridad, el éxito profesional, el estatus y la posibilidad de conseguir un mejor aspecto durante más tiempo gracias a un estilo de vida más amable, producto de las nuevas tecnologías y los adelantos de la cirugía estética. También existen más posibilidades que en el pasado de encontrar compañía en personas sin compromiso de todas las edades, como aquellas que han pospuesto la edad del matrimonio por interés en su profesión o en otros aspectos de la vida, que se han divorciado, enviu-dado, que son padres o madres solteros, etc.

La decisión de tener pocos o ningún hijo, las carreras profesionales, los avances en el diagnóstico prenatal y la fecundación asistida, también de-mora la urgencia de las mujeres por tener descendencia.

¿Dónde está entonces esa tan mentada soledad de los solteros? En efec-to, existen factores que a pesar de ser fácilmente reconocibles, no nos ayu-dan a encontrar una mayor satisfacción al estado de soltería y que se en-cuentran relacionados con las estrecheces de los estereotipos culturales y el mito del amor romántico.

En primer lugar, los estereotipos pueden saberse errados o desfasados y no por ello dejar de ser operantes. Como ya se ha visto, la categorización es difícil de evitar en los grupos sociales, pero nuestro propio encasillamiento es el que en definitiva importa: «No voy a una fiesta porque es de casados y van con sus hijos, porque todos irán con sus parejas y yo no tengo», «si eres una señorita no irás sola al cine, a una exposición, a un congreso, un restaurante o a una cafetería», «si no tienes un amigo que te acompañe, no saldrás de viaje estas vacaciones», «si tienes más de treinta años ya no será fácil encontrar pareja», «si no te interesa íntimamente una persona del sexo opuesto no conviene que salgas con ella», «si no te enamoras, o no te casas pronto, no podrás tener hijos», «si...». Estos y otros muchos pensamientos estereotipados no responden a la realidad de lo que podemos y hacemos los hombres y mujeres del siglo XXI. Incluso la adopción o apadrinamiento por parte de solteros, o el gran número de madres y padres en este estado y su equiparación legal, o la posibilidad de hallarnos repletos de amor sin pareja sentimental nos obligan a reflexionar sobre otros modos de vida posibles cuando no alcanzamos a conocer o a mantener ese amor pasional que rezan los cuentos, las películas y las canciones.

1.4.4. Volverse a enamorar

¿Pero qué es lo que ocurre cuando nos enamoramos? ¿Por qué a algunas personas no les sucede a menudo? ¿En qué consiste el mito del amor romántico?

En primer lugar, la predisposición para esa reacción emocional intensa y con frecuencia poco realista hacia una posible pareja amorosa dependerá de nuestra capacidad para dejarnos llevar por el pensamiento creativo, intuitivo o la capacidad de síntesis. Sin embargo, esta posibilidad quedará inhibida cuando pensemos de forma lógica, racional, minuciosa, analítica, prudente; es decir, cuando estemos utilizando el hemisferio izquierdo de nuestro cerebro.

En segundo lugar, algunas actitudes favorecen que se produzca el enamoramiento; como mirar fijamente, chocar las manos con una persona del sexo opuesto, etc. Sin embargo, y siguiendo a Byrne (1983:41), «es más posible que estos hechos tengan un efecto positivo en quienes creen firmemente en ideales románticos: amor a primera vista, el amor lo vence todo y el amor es la base principal para las relaciones».

La mayor parte de antropólogos sociales consideran que el amor es un fenómeno universal, que se ha dado en todas las épocas. Pero en las culturas en las que el amor no es un requisito previo al matrimonio, este fenómeno acontece de forma excepcional. Tampoco en la sociedad occidental siempre ha cumplido la función social que hoy en día le encomienda el individualismo afectivo que invade nuestra cultura.

Hartfiel y Walster (1981) propusieron que para la mayoría de individuos, el amor pasional se activa fácilmente si están presentes tres condiciones:

1. Estar expuesto a imágenes y modelos románticos que te lleven a esperar que algún día encontrarás a la persona adecuada y te enamorarás.
2. Entrar en contacto con personas apropiadas para amar. Y esto concierne a lo que por motivos culturales y por educación cada uno consideramos como tales: personas solteras, atractivas, con determinados atributos. Existen también explicaciones evolucionistas muy elaboradas según las cuales se buscaría a la persona más idónea para procrear (mujeres jóvenes y sanas, hombres fuertes y capaces de sustentar a la prole).
3. Por último, es necesario una fuerte activación emocional. Esta idea se basa en la teoría de los dos factores de Schater, según la cual puede afirmarse que interpretamos un estado de actividad basándonos en cualquier indicador que esté presente. Así, si alguien espera enamorarse es fácil que sensaciones tan dispares como el miedo o la excitación sexual le hagan pensar que se ha enamorado. Si alguien por el contrario no lo piensa, puede interpretar tales emociones como lo que son.

En resumen, los factores basados en la cultura, la genética y las atribuciones emocionales hacen muy fácil que la mayor parte de la gente experimente con frecuencia sentimientos de amor pasional, irracionales y penetrantes.

Por otra parte, la diferencia entre amor romántico y pasional, también sería innecesaria si coincidimos con P. Bruckener y A. Finkielkraut en que «no existen dos amores, uno espiritual, otro material, uno noble, otro vulgar, porque las emociones tienen una única patria, el cuerpo» (1989:135).

Sin embargo, la libertad de elección individual a la hora de contraer matrimonio y que el amor romántico/pasional sea el centro de éste, es un fenómeno relativamente reciente.

Como recuerda John Boswell:

> En la Europa premoderna, el matrimonio solía comenzar como un contrato de propiedad, se centraba posteriormente en la crianza de los hijos y terminaba convirtiéndose en amor. En realidad, pocas parejas se casaban «por amor» pero, con el paso del tiempo, muchas llegaban a quererse a medida que organizaban su casa, criaban a los niños y compartían las experiencias de la vida. Casi todos los epitafios dedicados a esposas o esposos que se conservan ponen de manifiesto un afecto profundo. Por el contrario, en la sociedad occidental actual, el matrimonio casi siempre empieza con amor, después se centra también en la crianza de los hijos (si los hay) y termina —a menudo— ocupándose de las propiedades, cuando ya el amor no existe y es sólo un recuerdo distante. (Boswell, 1995:21).

La espera y creencia en el amor romántico lleva a muchos casados a la desilusión, por la brevedad de éste, y a no pocos solteros a hipotecar su felicidad en busca de algo no tan etéreo ni meritorio como pudiera parecer en un primer momento.

Los vínculos matrimoniales basados en la elección personal y guiados por la atracción sexual y el amor romántico se empiezan a ensalzar con la revolución industrial, cuando el lugar de trabajo se separa del hogar conyugal, las mujeres pueden procurarse su propio sustento y la familia se orienta al consumo y no a la reproducción y el cuidado, es decir, a la satisfacción de los deseos individuales, no al servicio de la parentela y la comunidad. (Stone, Giddens,193). En este modelo nuevo familiar, en el que la procreación ya no es lo más importante, encuentra un mayor sentido el amor romántico como expresión del individualismo, pero también las relaciones de las personas de más edad, las familias monoparentales y la vida en soledad.

Con anterioridad a este momento el amor romántico en los matrimonios también existía, pero como vemos en no pocas obras literarias premodernas, no era indispensable para los enlaces, ni glorificado, sino en ocasiones todo lo contrario.

Por tanto, la soltería como resultado del fracaso o la inhibición amatoria se encuentra relacionada con este esquema biológico y cultural, que arrastra a la soledad a aquellos más racionales, menos enamoradizos, pero también a quienes no entienden un enlace sin esta emoción, y entre los que solemos incluirnos una gran mayoría.

Ni que decir tiene que cuando, como es natural con toda emoción, el amor pasional se va apagando sin dejar paso a la complicidad y al amor maduro, suelen encontrarse las suficientes razones para romper la unión y dar de nuevo con la soledad, situación que puede llevar a un proceso recurrente, siempre que el centro de las relaciones sea la propia satisfacción erótica y emocional y no el cariño. No es de extrañar que las grandes estrellas de cine, máximo baluarte del amor romántico, sufran de este incómodo «círculo vicioso» de los matrimonios recurrentes. Es sencillo comprender en este extremo por qué se produce la soledad y cómo paliarla.

También con el paso del tiempo el interés por comunicarse parece decaer en las parejas, que junto con la reducción de encuentros sexuales puede hacer creer en el anuncio del final en el fracaso de las relaciones. Pues bien, muchos matrimonios ante la separación o el fallecimiento de uno de sus miembros se sorprenden del afecto que le profesan, cuando desgraciadamente es tarde. El amor maduro, menos efusivo y vehemente, se caracteriza por este tipo de complementariedad que «apenas se nota».

En cuanto al silencio en la pareja, es algo que no nos debe preocupar. Existe un dicho sobre las relaciones que reza: «La verdadera amistad llega cuando el silencio entre dos parece ameno». Según este principio, el ejemplo que suele mencionarse sobre el hastío conyugal, como el de las parejas que se sientan en una cafetería sin mediar palabra en toda la tarde, no sería válido. Cuando el silencio se produce en el hogar es, en la mayor parte de las ocasiones, una forma de relax, de refugio frente al ruido y las tensiones del mundo exterior. Asimismo, muchas personas agradecerán que su pareja respete su necesidad de estar solo para meditar, ordenar sus pensamientos o sencillamente descansar. Cuando soledades y silencios no son vividas de igual modo por ambas partes, una de ellas puede sufrir la sensación de no ser atendida, tal vez porque en efecto se ha producido un distanciamiento importante, o bien porque se trata de personas que les aterroriza la soledad.

La soledad también es algo que se aprende: sabiendo cómo emplear el tiempo, reduciendo el grado de ansiedad cuando estamos sin compañía o haciéndonos acompañar de nuestros propios pensamientos, proyectando, leyendo, con una vida interior suficientemente rica. Si la independencia es un rasgo de carisma en las personas en general, mucho más lo será durante el matrimonio, en donde los problemas de convivencia y la rutina pueden jugarnos malas pasadas.

Si el objetivo es volver a enamorarse, ya hemos conocido algunas de las reglas que intervienen en su activación y funcionamiento, como es el contacto visual, el roce insinuante, la proximidad o el hecho de recrearse en ilusiones comunes, las cuales pueden surtir efecto para volver a sentir emociones olvidadas con vuestro cónyuge.

1.5. Cuando todo el mundo se va

Los recuerdos no pueblan nuestra soledad, como suele decirse;
antes al contrario, la hacen más profunda.

GUSTAVE FLAUVERT (1821-1880)

1.5.1. La soledad en la vejez

La soledad está muy ligada a la pérdida de relaciones, de ese conjunto de personas significativas en la vida del individuo y con las que se interactúa de forma regular. Cuando alguien a quien hemos amado o que ocupaba un espacio importante se ausenta de nuestro lado, nos invade una sensación de soledad muy intensa. Con la llegada de la vejez, este tipo de emociones se hacen más cotidianas. Si bien los especialistas nos dicen que con la edad nuestras necesidades sociales van disminuyendo, y este hecho facilita los duros momentos en los que vamos perdiendo a los seres queridos, también es cierto que una serie de factores propios de nuestras sociedades hacen que este momento de la vida se vea, más que ningún otro, asociado a la palabra soledad: la jubilación con la pérdida de las relaciones de compañeros, la emancipación de los hijos, la muerte primero de los padres y más tarde de los amigos...

Las familias extensas, en las que varias generaciones y un buen número de hijos cohabitaban en un mismo hogar, prácticamente han desaparecido. La tercera edad deja de ser la etapa de mayor autoridad en la familia, pero también en la sociedad, para simbolizar el momento en el que los hijos son libres e independientes y la jubilación nos aleja de las esferas de influencia en la vida pública. Esta etapa es especialmente larga en nuestros días en los que la esperanza de vida se ha acrecentado, y sin embargo, sigue siendo muy posible que en los últimos años de nuestra vida los impedimentos para realizar algunas actividades por la aparición de una o varias discapacidades puedan alejarnos de lo que ha sido nuestro entorno habitual de relación.

Para colmo de males, el fallecimiento de familiares y amigos va produciéndose en secuencias de tiempo cada vez más cortas, haciéndonos temer por nuestra propia salud. Sin embargo, esta emoción, esta idea que nos acosa a los seres humanos según nos vamos haciendo mayores, no es del todo correcta en nuestros días.

Es cierto que con la edad la salud se va debilitando, pero también lo es el hecho de que en nuestra sociedad la muerte por causas ajenas al envejecimiento es muy importante y «se ceba» con mayor virulencia en la población joven que en los ancianos. La explicación la encontramos en las estadísticas de mortandad (Hernández, 1999), en las que fácilmente podemos comprobar que las primeras causas de fallecimientos son la siniestralidad en los jóvenes (de 1-34 años) y los tumores malignos (de 35 a 54 años) y el SIDA (de 35 a 44 años). Podríamos decir que, paradójicamente, cuando los avances médico-científicos nos han permitido soñar con la feliz idea de la superación de la mayor parte de las enfermedades, con «morir de viejo», es cuando los riesgos que asumimos en la misma sociedad moderna no nos lo permite (conducción de automóviles, deportes de riesgo, inseguridad ciudadana, sexo inseguro). Incluso frente a un diagnóstico de cáncer, el avance de la enfermedad y la esperanza de vida es superior en las personas de mayor edad.

La enfermedad es una de las causas que nos hace deparar en la soledad seamos jóvenes o mayores. Incluso cuanto más jóvenes son las personas convalecientes o que sufren una enfermedad crónica, más posibilidades existirán de sufrir el aislamiento de sus iguales por: pérdida de cursos, marginación por diferencia, menor capacidad de aceptación de las limitaciones físicas frente a sus mayores necesidades sociales, abandono de la pareja que prefiere «vivir la vida», etc.

Otro de los episodios dolorosos que también se encuentra más asociado a la tercera edad es el que se produce cuando perdemos a nuestra pareja, a la persona con la que hemos compartido toda nuestra vida. Con ella se han establecido no sólo vínculos afectivos, sino además, relaciones de gran dependencia y el reparto de unas tareas que ahora limitan nuestra autonomía personal.

El deterioro físico y la pérdida de recursos y habilidades más propias de la juventud, como el deporte, la aventura, los viajes, el atractivo físico o los ánimos para la conquista, pueden hacernos pensar que no existen espacios de ocio propios, ahora que éste ocupa la mayor parte de nuestro tiempo. En definitiva, todo esto nos hace olvidar que por el contrario, la tercera edad puede ser una de las etapas más largas y enriquecedoras de la vida, en la que contamos con mayores posibilidades para participar en la vida pública (aunque no sea desde un prisma estrictamente laboral), para viajar y conocer gente. Siempre, claro está, que tomemos una actitud activa, nos informemos y demos el primer paso para el cambio.

1.5.2. Una tercera juventud

Al contrario de lo que les ocurre a los jóvenes, las personas mayores sí conocen muy bien sus preferencias, y éste es un buen momento para dedicarse a actividades artísticas, humanitarias, literarias, de investigación, de docencia... En los espacios de las aficiones es en donde con mayor facilidad encontraremos personas más afines y de edades diversas. La idea de los mayores en espacios específicos para ellos, tutelados, también es una concepción relativamente reciente y eludible. Las personas mayores son las que tienen más que enseñar. Y por ello, tienen tanto que aportar a la sociedad como la sociedad tiene para ellos. El turismo subvencionado es una de las facetas más conocidas, pero existen otras como los programas institucionales para que los ancianos acojan en sus casas a estudiantes, que si se trata de una compañía con la que se coincide en la profesión o en la complementariedad de caracteres puede ser sumamente fructífera y grata. Existen asociaciones de veteranos, por ejemplo, de abogados o empresarios, que colaboran en los colegios profesionales o con las asociaciones patronales, para trabajar como asesores y consultores de nuevos profesionales. Si deseamos tener este tipo de experiencias (tertulias, asesorías, hogares del empleado, etc.) y no existen en nuestra comunidad, éstas siempre pueden ser emprendidas de forma pionera.

La jubilación no solamente produce un vacío de obligaciones que hay que ocupar, sino que muchas veces conlleva una pérdida de prestigio, de poder, de relaciones sociales y de expectativas de futuro. La pérdida del trabajo puede afectar a la propia identidad, dependiendo de si su desempeño nos ha permitido desarrollar otras actividades y relaciones ajenas, o por el contrario, ha sido refugio del fracaso en las demás facetas de la vida, como la familia, la pareja o las amistades. Para estas personas la jubilación es un momento difícil.

Conviene haber planificado, como de hecho muchos hacen con ilusión, lo que será nuestra vida tras el retiro del trabajo, y hacer un nuevo balance existencial, en el que recobraremos nuestros referentes personales. Para muchas personas es el momento ideal para dedicarse a las actividades de ocio que siempre han soñado; para otros, la jubilación en el trabajo no implica el fin de la vida profesional, sino en cambio, dejar de trabajar para terceros para comenzar a hacerlo para uno mismo y en aquellos asuntos más satisfactorios.

Por tanto, el secreto para que la jubilación y la tercera edad en su conjunto sea tan feliz o más que las anteriores, consiste en mantener un amplio círculo de amistades y actividades enriquecedoras, sin perder la ilusión, sino por el contrario, encontrando nuevos alicientes en una época de la vida que puede ser incluso de las más largas (de veinte a cuarenta años en nuestros días).

Las propias instituciones, muy conscientes de lo importante que es la calidad de vida de sus mayores para el bienestar de la sociedad, han promocionado viajes de turismo social, instalaciones de ocio y recreo, centros de día, asistentes sociales, atención domiciliaria, etc. Sin embargo, el «movimiento de la tercera edad» no es sólo un conjunto de políticas institucionales. La mayor longevidad y las mejores condiciones económicas de los ancianos, con subsidios de jubilación (cuya aparición es relativamente reciente), planes de pensiones, rentas, etc., están deparando una serie de servicios y atenciones que hacen de la vejez una edad realmente dorada, repleta de relaciones personales, ilusión y bienestar. Pero esto no afecta sólo a las clases privilegiadas, sino que la mejora de las condiciones generales de toda la población de más edad es notoria, a tenor de las posibilidades provenientes de los servicios sociales, las organizaciones no gubernamentales, e incluso entidades privadas.

En las universidades se construyen programas específicos, en la sociedad en su conjunto surgen asociaciones, nuevos servicios y ciudades enteras para su residencia, lectura, ocio y solaz. El secreto de un panorama tan halagüeño será desplegar las suficientes redes sociales y estrategias que nos ayuden a mantener el ánimo y la autonomía. Por ejemplo, existen sociedades que nos pueden proveer de una segunda pensión, a cambio de la hipoteca de nuestra vivienda hasta el día que no la necesitemos, y que con los mejores cuidados puede ser aún más lejano.

La importancia de convivir con la pareja, familiares o amigos y mantener una importante red de contactos es de vital importancia para el mantenimiento de la salud. Muchos estudios en centros hospitalarios demuestran que la morbilidad entre personas que viven solas es muy superior a la que presentan aquellas que viven acompañadas. Una de las explicaciones se encuentra en los hábitos alimentarios, que son menos saludables entre los que no comparten sus comidas con nadie.

Todos sabemos que cuando la comida se convierte en un momento para la relación familiar, también se cuida más su contenido, el modo de administración (las formas y la velocidad), las cantidades, etc. Es más fácil comer poco, rápidamente o de forma compulsiva cuando estamos solos, máxime cuando la soledad se convierte en desazón que intentamos aliviar por medio del alimento. La viudedad puede producir estos efectos: se deja de guisar, de poner la mesa. Este problema es más acuciante cuando además se produce una disminución de los ingresos económicos, sin pensión o con pensiones de viudedad insuficientes.

También se ha detectado que las personas mayores cuando se quedan solas tienden a hacer un uso inadecuado de los servicios médicos. Algunos, intentando encontrar apoyo psicológico, frecuentan las consultas más de lo necesario, buscando esas escasas posibilidades de consejo y relación. Otros, en cambio, persisten en esa actitud de abandono, en la que también puede verse afectado el cuidado personal.

En nuestros días, la paulatina desaparición de los lazos de solidaridad de los vecinos en las grandes ciudades tremendamente individualistas y anónimas, no sólo hace que la soledad sea más acuciante, sino además, que la ayuda y el consuelo frente a una eventual enfermedad sean cada vez más escasos. La muerte en soledad de los ancianos en las grandes ciudades es un hecho cada día más cotidiano, que si bien se intenta paliar con los servicios sociales, no deja de mostrarnos la faz más oscura de la deshumanización contemporánea.

Si para las personas mayores los episodios en los que la salud flaquea son más angustiosos, les hace sentirse más vulnerables, el hecho de vivir solos acrecienta esa zozobra, frente al temor de morir de este modo. La soledad, además, implica una falta de referencias y supervisión de las medicaciones, de los consejos para prevenir las enfermedades y de todos los cuidados personales que dispensa el cariño y que nunca podrían ser totalmente sustituidos por la asistencia. Pero sobre todo, la buena compañía ejerce una gran influencia en el estado de ánimo, y éste a su vez en la propensión a padecer enfermedades infecciosas. De ahí la gran importancia que tiene atender convenientemente las necesidades sociales, de amistad y convivencia de nuestros mayores.

Será de gran ayuda en este empeño intentar que los roles desempeñados durante su vida pasada puedan ser asumidos el máximo tiempo posible. ¿Qué quiere decir esto? Que todos deberíamos tener la posibilidad de prolongar las actividades y papeles más importantes de nuestra vida, siempre que eso nos llene de satisfacción; que el profesor pueda tener la oportunidad de seguir enseñando, aunque esta vez sean sólo los temas de su interés y en aulas de la tercera edad o asociaciones culturales, por ejemplo; que permitamos que las abuelas sigan disfrutando del placer de ver crecer ahora a sus nietos o sobrinos; que en definitiva, uno mantenga su identidad a través de aficiones, intereses culturales, etc., y que las instituciones consideren las distintas posibilidades para que las personas mayores se sientan útiles y vitales; que su lugar en la sociedad no sea el de la segregación, el de los espacios de viejos y para viejos, sino por el contrario, la integración en la vida de todos sus miembros.

1.5.3. Estar del lado de la vida

La soledad, en esta etapa, afecta a la salud tanto como la inactividad física o psíquica. Ambas cosas, soledad e inactividad, influyen además en el estado de ánimo. Queda más tiempo y libertad para «darle vueltas a la cabeza». La persona sola cuando no es tan joven se siente vulnerable, temerosa y desconfiada y no en balde, ya que los ancianos son uno de los principales objetivos de las personas malintencionadas y de los estafadores. Puede menguar la autoestima, la alegría, la bondad del carácter y los deseos de estar con los demás, así como los otros tal vez tampoco encuentren motivos para estar con nosotros. El círculo de la soledad en la vejez es más ingrato e infranqueable. Y es por todo ello que en previsión de estas situaciones, y tras una larga vida de trabajo pero también de experiencias, deberemos ser lo suficientemente hábiles como para no caer en estas dificultades tan comunes.

Para ello es importante conocer cuáles son los factores que inciden en la soledad en esta edad, para encontrar asimismo soluciones.

Por ejemplo, es habitual que las personas que han tenido familias de muchos hermanos a lo largo de su vida, tanto con sus padres como con sus cónyuges, vivan con mayor angustia la soledad; mientras, por el contrario, tendrán más posibilidades de tener un número suficiente de familiares con los que mantener una relación cordial. Haber asumido un futuro en soledad de forma temprana, por ejemplo a través de la soltería o la viudedad, también prepara para estos momentos en los que las fuerzas físicas son menores. No olvidemos que incluso ahora, la soledad puede ser una opción preferida por el ser humano y tener connotaciones positivas (como la libertad, la independencia, el recuerdo en tranquilidad) y que a pesar de no ser una elección personal puede ser llevada con buen ánimo.

El primer tipo de personas, acostumbradas a estar rodeadas de mucha gente, será interesante que busque o busquen para ella entre las diversas ofertas que puedan encontrase para estar entretenidos y acompañados. Los servicios públicos y privados para ancianos son una posibilidad, pero también todas las vías de participación que la sociedad ofrece para el gran público. La tercera edad es un momento muy interesante para servir a los demás —por la mayor disponibilidad de tiempo, conocimientos y experiencia—, a través de asociaciones de voluntariado, acción social, partidos políticos, agrupaciones de intereses, profesionales, culturales, y diversas asociaciones en las que se vertebra la sociedad civil en nuestros días: asociaciones de consumidores, vecinos, amas de casa, etc. Todas ellas sustituyen las relaciones vecinales de la sociedad del pasado, a las que las personas no siempre pueden acceder por falta de tiempo, en especial durante la crianza de los hijos. Es la jubilación, la tercera edad, un momento privilegiado para la acción política y social, para la cooperación que mantiene nuestra mente y nuestro cuerpo ocupados en ayudar, en ilusionarnos en algo tan coherente como hacer que lo mejor de nosotros mismos revierta en aquellos que no han tenido esa misma oportunidad.

En cambio, existe un segundo tipo de personas muy acostumbradas a la soledad, a vivir de forma autónoma y a enfrentarse sin problemas a todas las situaciones. Estar sólo no significa necesariamente ser infeliz. Todo depende de la adaptación a esta situación determinada, y que únicamente por razones de dependencia puede ser más compleja a ciertas edades. Conocer los peligros que entraña la soledad cuando nuestra autonomía personal o la de nuestros familiares disminuye, pero también descubrir la potencialidad de nuestro cuerpo y nuestra mente y las diversas soluciones a los problemas de movilidad, es la mejor forma de adaptarse a la situación.

El deporte, la lectura, el juego o el trabajo intelectual, también la búsqueda de apoyo asistencial cuando se necesita, son importantes en esta tarea, y para todo conviene consultar en el ayuntamiento o en las juntas de distrito sobre las instalaciones y servicios sociales a los que tenemos derecho: teleasistencia, acceso a museos, autobuses, polideportivos, bibliotecas, centros de día, hogares y residencias.

Pero el problema de la soledad en la tercera edad va más allá de pensar en cómo ocupar el tiempo y conocer los recursos sanitarios, sociales o culturales. Es algo tan complejo como comprobar que justamente cuando más necesarios son los demás, cuando la salud flaquea y los problemas de movilidad y autonomía aumentan, suele coincidir con los años en los que la persona enviuda, deja de convivir con sus hijos o de cuidar a sus nietos. Desde luego éste no es el momento de empezar a salir y entablar nuevas actividades y relaciones para las que no se está preparado ni acostumbrado. Intentar algo contra los propios deseos sería acrecentar la ansiedad y los problemas de estas personas.

Debemos tener en cuenta a lo largo de nuestra existencia la importancia de tener una vida propia, de forma paralela a la crianza de la familia y la ayuda a los proyectos de vida de sus miembros. Ello implica un mayor grado de autonomía, tanto en el ámbito de las amistades como de los proyectos profesionales. La viudedad, la separación o el divorcio, la pérdida de seres queridos, o el propio envejecimiento, son más llevaderos si contamos con una importante red de amigos y colegas en nuestra profesión, en proyectos colectivos de diversa índole, con los que paliar y el insalvable paso del tiempo.

Si como se ha dicho en el caso de las adolescentes, que una persona sea percibida con proyectos propios y sin demasiada ansiedad por captar compañeros es una buena receta para que los consiga; en el caso sobre todo de las mujeres maduras, tener un proyecto de vida autónomo es esencial para poder sobrevivir a todos los síndromes, desde la menopausia, hasta la viudedad, o el denominado «síndrome del nido vacío», que hace referencia a la soledad que acontece cuando los hijos abandonan el hogar y el cónyuge sigue trabajando. Si los mejores años de nuestra juventud los hemos dedicado a la crianza de la descendencia y el cuidado del marido, siempre es buen momento para buscar y encontrar las aficiones, los amigos, los estudios, el culto o la profesión, que ayuden a definirnos además de como madres, como personas con una vida y unos recursos propios.

Muchas mujeres reducen su vida social a la que realizan junto a sus maridos, el entorno profesional y de amistades de éste, por lo que el momento de la viudedad o de la separación es más duro para ellas y a cualquier edad.

También muchos caballeros han gozado de una vida demasiado familiar, y de un trabajo que más que una vocación se ha limitado a la adquisición de ingresos para sacar adelante a la prole. Cuando llega la jubilación, la viudedad o la separación de los hijos, estas personas pueden sufrir un auténtico sentimiento de desarraigo y soledad; sin embargo, no es sencillo encontrar nuevas actividades que sustituyan los hábitos de toda una vida. Hay algunos que en estas ocasiones comienzan a viajar, a dedicarse a la agricultura, a cultivar algún arte o actividad para la que nunca había tenido tiempo, como ir al cine o al teatro.

Los solteros y solteras suelen estar más concienciados de terminar sus días sin demasiados apoyos familiares, y mantener una mayor red de amigos. En ocasiones, sobre todo en el caso de las mujeres, la ausencia de los padres viene precedida de años de cuidados y asistencia que no han asumido el resto de la familia, bien por tener una vida autónoma con sus cónyuges e hijos, bien por la razón de considerar que éstas son labores del sexo femenino. Este tipo de papeles tradicionalmente encomendados a las mujeres, pero no sólo a éstas, tienen la característica de no ser elegidos. Se adscriben a nuestro destino de forma a veces improvisada y sin prerrogativas. Si una sociedad en la que las familias no cuidan de sus miembros sería una sociedad enferma, es también un problema asumido con gran desasosiego el hecho de que las personas solteras deban unir a la posible desazón por no haber formado una nueva familia, la ardua tarea, física y psíquica, de dar cuidado a los padres, para finalmente, quedarse más solos.

Es en todos estos momentos cuando, más allá de nuestro estado civil, existen posibilidades que no debemos desechar, y frente a las que debemos decidir tomar parte activa. Y es que si algo en verdad nos aleja de esa situación de soledad, desánimo y tristeza impenitente, es la lucha activa por la superación de la situación, poniendo todos los medios, y sobre todo, la fortaleza de carácter para evitar recrearse en el recuerdo y la autocompasión.

Cuando nuestra soledad nos preocupa en exceso, debemos pensar a su vez que nosotros podemos estar siendo la causa de la soledad de alguien. De familiares, amigos que no necesitamos, o que no aceptamos como son, de todos aquellos que podríamos ayudar tan sólo con nuestra presencia y que necesitan consuelo.

Más allá del valor moral de la piedad, podemos afirmar que *ayudar a otros con su soledad es la mejor forma de no sentirse sólo uno mismo.* Siguiendo a Octavio Uña, cuanto más nos ponemos a disposición de los otros, tanto más nos capacitamos para ser nosotros mismos. Por el contrario, nadie duda tanto de sí como la persona encerrada en sí misma y desconocedora del otro (1984:184). Ser generosos, mostrarnos abiertos y al servicio de los demás, es no sólo una de las mejores formas de prevenir la soledad, sino también de velar por nuestro equilibrio físico y mental.

Mostrarse «abierto», con una actitud receptiva y dispuesta a tener en cuenta las necesidades y miedos de los demás, antes que los nuestros propios, no implica servilismo, sino más bien mejorar las condiciones en las que se establece la comunicación y llegar a tener relaciones más profundas y humanas.

Cuando la opción es la implicación y el servicio, las posibilidades para ayudar y ser ayudado no son pocas, aunque podemos mencionar algunas experiencias novedosas llevadas a cabo por algunas administraciones a modo de ejemplo, como poner en contacto jóvenes estudiantes y ancianos que viven solos, personas mayores que crean asociaciones para el apoyo y el recreo de otros miembros, jóvenes voluntarios que atienden a los mayores con movilidad y autonomía reducida, mujeres que se organizan para el cuidado de los niños, antiguos profesionales de la empresa que aconsejan a jóvenes emprendedores, académicos retirados que colaboran en la formación y dirección de proyectos de los jóvenes investigadores... Sólo es cuestión de contactar con el lugar más adecuado para nosotros por medio de conocidos, a través de los números o las páginas de información telefónica, o a través de los servicios sociales, solicitando documentación sobre asociaciones, servicios públicos y privados dedicados a este tipo de experiencias, sin olvidar, antes de sentir temor, que están para atendernos.

2

Algunas causas de soledad
y cómo superarlas

2.1. Timidez y evitación social: solitarios vocacionales

*Nunca es largo el camino
que conduce a la casa de un amigo.*

Juvenal (c. 67-27)

2.1.1. Cómo saber si somos tímidos

La timidez es un temor que suele aparecer en todos los seres humanos cuando debemos participar de la vida social, a pesar de querer hacerlo y de saber cómo. Puede ser consecuencia de la falta de seguridad en uno mismo, de confianza en que seremos queridos y aceptados, y ese mismo deseo de ser apreciados puede llevarnos a evitar el riesgo que supone la interacción social, por medio del retraimiento.

Sin embargo, las personas conocidas como tímidas no muestran esta tendencia a turbarse y mantenerse al margen en todas las situaciones, sino que son más temerosos de los primeros encuentros y dicho temor se va atenuando en encuentros sucesivos.

En un grupo de personas, conoceremos cuál o cuáles son los individuos que poseen una mayor timidez porque hablan y sonríen menos, evitan la mirada directa a los ojos, utilizan un número menor de gestos y expresiones, responden en voz baja, tardan en responder y cuando lo hacen utilizan silencios mayores, y por último, porque intentan evitar tomar el turno de palabra y, además, poseen menos amigos.

Si decimos que cierto grado de timidez o temor frente a una nueva situación de encuentro social o frente a la presencia de desconocidos es bastante común, las personas que se autodefinen como tímidas o que lo han sido en algún momento de su vida ronda el 40 por ciento, mientras que el 82 por ciento acepta haber sido tímido en alguna ocasión y el 17 por ciento responde con timidez en determinados contextos. Sólo un 18 por ciento confiesa no haber sentido nunca timidez (Vallejo Nájera, 1998:413). Otras fuentes son mucho más alarmantes, así se estima en un 60 por ciento la proporción de tímidos para el caso de la población francesa en términos extrapolables a otros países occidentales, de los que el 7 por ciento sería muy tímido y un 51 por ciento un poco (Sondeo IFOP, abril 1992, para Top Santé)[3]. Por otra parte, un 40 por ciento de los norteamericanos se considera habitualmente tímido, y un 90 por ciento como tímidos ocasionales[4].

Todo ello nos lleva a la conclusión de que la timidez no sólo no es una enfermedad, en tanto no propicia una inadaptación social permanente, sino que además es un problema bastante común sobre el que debemos reflexionar sin ningún tipo de dramatismo. Es más, podemos afirmar que si bien la timidez puede acarrear no pocos inconvenientes a las personas que la sufren, ésta en sí constituye una forma de afrontar la vida social, de acomodación a las relaciones interpersonales, y que por ello, en ocasiones supone un verdadero reto tratar de luchar a favor de personas que se encuentran conformes y por tanto no emplean todos los medios a su alcance para salvar los obstáculos que la timidez puede representar.

La timidez es un rasgo del carácter, no un hecho que determine a los individuos sin otras prerrogativas, pero en los episodios dominados por ésta se sufren síntomas vegetativos, como rubor, sudoración excesiva, taquicardia, entre otros, y que llevan a la postre a la adopción de conductas de evitación que determinarán nuestras actuaciones.

Las personas consideradas tímidas son conscientes de su situación, saben que en determinadas situaciones se sentirán turbados, no encontrarán

---

3. Recogido en André, C. y Légeron, P. (1997:99).
4. Kagan, J, (1989: 668).

la palabra idónea y por ello preferirán mantenerse en un segundo plano, escuchar y mantener la discreción.

Todo ello les hace ser más serviciales, poco competitivas y bastante perfeccionistas en el medio laboral, atrayendo la estima de sus compañeros, pero no el suficiente reconocimiento profesional en relación con sus capacidades. A ello les destina su tendencia a evitar la responsabilidad y la falta de autoestima, así como de afirmación de sus derechos.

2.1.2. Timidez, evitación social y soledad

La timidez dificulta conocer gente nueva, hacer amigos, y crea dificultades para comunicarse con los otros de forma eficaz. Pero lo que resulta más importante es que puede alterar la propia evaluación que hacemos sobre nosotros mismos, creando una preocupación excesiva en nuestras reacciones y comportamientos en público. Este hecho a su vez produce otra serie de incertidumbres sobre si resultaremos competentes, valiosos o dignos de aprecio para los demás, impidiéndonos ser nosotros mismos delante de otros, arriesgarnos a tomar la palabra para no equivocarnos o ser rechazados, o equivocándonos directamente. En realidad, lo que hace el tímido es un «autosabotaje», que le impide avanzar en sus objetivos y relaciones.

Ante las consecuencias desencadenadas por este problema, el tímido puede reaccionar con el aislamiento cayendo en situaciones de máximo retraimiento, cargadas de angustia, incluso depresivas. Pero también es posible que con ayuda de estimulantes como el alcohol, o de la misma impronta que les impele a «huir hacia delante» a intentar superar sus trastornos de carácter, puedan llegar a crearse una imagen falsa. Al igual que el que para no sentirse solo se rodea de mucha gente con la que no consigue superar su sentimiento de aislamiento, algunos tímidos se convierten en personas muy parlanchinas, locuaces y capaces de tomar la iniciativa de la conversación con demasiada frecuencia. Y todo ello con el fin de esconder una forma de ser que no consideran aceptable, aunque en el fondo su angustia y el esfuerzo que deben hacer para sobrellevar la tensión que supone el trato con los demás les pueden resultar agotadores. Es el tipo de persona cuya «incontinencia verbal» puede dar a sus semejantes la errada impresión de tratarse de seres impulsivos, poco reflexivos, alocados

y algo tediosos de aguantar. Su timidez no les permite callarse con facilidad, hablando demasiado, errando demasiadas veces y dando una imagen
opuesta a la sensibilidad y el respeto por las opiniones de los otros que la
timidez en sí implica. La mesura y discreción son fundamentales en las relaciones humanas. Todos nos protegemos del acecho de personas avasa-
lladoras, poco equilibradas, que no respeten nuestro espacio o la intimidad de nuestras vidas. Las personas que por timidez hablan demasiado
pueden despertar este tipo de temores en los demás, y por ello, en su intento de agradar y comunicar pueden terminar viéndose muy solas.

Los tímidos y tímidas convencionales se casan más tarde, por consiguiente tienen hijos con más edad y, además, parecen ser el blanco de
ciertas estrategias comerciales que buscan entre sus clientes personas con
mayores dificultades para relacionarse y por tanto solitarias: agencias matrimoniales, servicios de contactos y más recientemente productos concretos a través de Internet.

Sin embargo, la timidez no siempre se encuentra directamente relacionada con la soledad. Puede tratarse de un rol de adaptación desarrollado
como forma de integración en el grupo; algunas personas incluso utilizan
ésta como una artimaña para atraerse las atenciones y el cariño de otras, o
bien para despreocuparse deliberadamente del mundo exterior. Pero sí es
cierto que el tímido, se siente apabullantemente solo en momentos concretos, como cuando tiene que aproximarse a una persona de sexo opuesto, hablar a un grupo o conversar con gente que no conoce. Las personas
con este carácter, además, temen que su problema se note, les horroriza
pensar que los demás puedan deparar en su timidez, y se apartan por ello
de las situaciones comprometidas, pudiendo llegar al aislamiento social,
tanto en su tiempo de ocio como en el laboral y afectivo.

Por otro lado, la evitación social es otra modalidad de fobia derivada,
al igual que la timidez, del miedo social, pero en la que al contrario que
ésta, el afectado antes que adoptar una postura crítica sobre sí mismo prefiere elaborar permanentemente excusas y explicaciones que justifican su
actitud de huida. Son personas que siempre tienen un argumento para
evitar el contacto con sus semejantes y que en los momentos en los que
éstos se desarrollan, experimentan un fuerte malestar, temen ser juzgados
desfavorablemente y pueden ser heridos por la más mínima crítica con
gran facilidad.

Las personas que padecen este tipo de miedo social son solitarios vocacionales, apenas tienen amigos íntimos ni confidentes fuera de sus parientes más cercanos y temen intervenir en reuniones o grupos en los que no están seguros de su aceptación. Todo ello les lleva a ser reservados, evitar las actividades sociales o profesionales que impliquen contacto personal y a construir una vida que les permita evitar estas situaciones de angustia.

Para no acudir a cualquier cita con conocidos o a una convocatoria concreta pueden argumentar fatiga, falta de interés, no tener nada que ver con el tema de la misma, o carecer de relación o apego hacia las personas que la organizan, pero rara vez reconocerán miedo o sus verdaderos sentimientos. El problema se oculta de tal forma que su visión pesimista sobre los seres humanos y la sociedad justifica su repliegue en sí mismos y sus seres más próximos, lo que puede llevarles a una inmensa desesperación en el caso de perder a sus familiares, o a su cónyuge por fallecimiento o divorcio. Esto último no resulta extraño si reconocemos que este tipo de personas son conceptualizadas como «raras» y que, a no ser que vivan con otros seres similares, pueden resultar tremendamente complicados en la convivencia, además de aburridos.

2.1.3. Formas para vencer la timidez y la evitación social

Una buena forma de terminar con la timidez y la evitación social es concienciarnos del problema y descubrir cuál puede ser el verdadero origen del mismo y lo que somos realmente.

Así, debe argumentarse que la ansiedad social es producto de modelos aprendidos en el ambiente familiar, o un mero contraste, ya que si éste es demasiado autoritario, descalificador o atrevido, puede producir los efectos contrarios en la descendencia. También es probable que se desarrolle si durante la infancia se produce un aislamiento, demasiado proteccionismo o una dificultad en las relaciones afectivas con uno o ambos de los padres.

Sin embargo, no suelen contemplarse otros factores, como puede ser el resultado de experiencias fallidas a lo largo del tiempo en nuestra relación con los demás, o sencillamente que proceda de un sentimiento o un complejo de inferioridad que conviene analizar e intentar superar.

Vencer la timidez, supone obligarnos a nosotros mismos a mostrar lo que pensamos y lo que sentimos, cambiar las afirmaciones o negaciones por frases de más de cuatro palabras y potenciar nuestra autoestima. Existen diversas técnicas para esto último que habremos de abordar más adelante. En lo que concierne a este problema, es fundamental que comencemos por valorarnos y eliminar esa pesada losa que ponemos sobre nuestros actos y palabras cuando pensamos «lo mío no tiene importancia», «no me escucharán», «mis temas aburren», «prefiero no molestar», «seguro que tartamudearé» o frases semejantes, que hacen de nuestra actuación una profecía negativa que se autorrealiza.

Por el contrario, conviene repetirnos hasta caer en la cuenta lo especiales que somos, lo importante que será para los demás escuchar nuestras ideas, lo mucho que todos pierden cuando permanecemos en nuestro «cascarón», y que mostrarse vergonzoso, nervioso o inseguro no es malo, tan sólo humano, y con esfuerzo puede llegar incluso a ser transitorio. Por tanto debemos desdramatizar nuestro propio nerviosismo hasta el punto que no nos avergüence.

2.2. Soledad estando acompañado

Si el amor que encanta
la soledad de un ermitaño espanta.
¡Pero es más espantosa todavía
la soledad en compañía!

RAMÓN DE CAMPOAMOR (1817-1910)

2.2.1. La implacable soledad existencial y la soledad en la pareja

Si es de todos sabido que la soledad es una de las principales fuentes de sufrimiento para el ser humano, también hay que decir que esto depende del enfoque que cada uno haga de su posición en el mundo y del papel que los demás juegan en su vida cotidiana, pudiendo ser de lo más estimulantes y positivas para nuestro desarrollo personal muchas de las interpretaciones que podamos dar a dicho estado.

Y es que a pesar de la mala predisposición con la que todos nos acercamos a esta emoción, tenemos que saber que, al igual que reconocemos que la vida en sociedad es imprescindible para la salud física y mental del individuo, la soledad es asimismo necesaria.

Si nuestro trato con los demás puede darnos la dimensión de nuestro propio ser y estar, la soledad nos posibilita tener conciencia de nuestra identidad, de nuestra exclusividad como seres humanos. Aunque sea mucho más conocido y comprendido el sufrimiento que provoca el aislamiento social, la aparición de cuadros traumáticos de ansiedad y estrés en personas sometidas a la constante presencia de los otros a su alrededor es un hecho que conviene tener en cuenta. Es más, la constante mirada ajena, la permanente vida en colectividad es reconocida por las personas que han vivido en campos de concentración o en prisiones, como una de las facetas más insoportables de su encierro.

La soledad existencial con la que aprendemos a convivir como prueba de madurez puede ser mitigada a través de las relaciones sociales con los amigos, la familia, la pareja o las redes de solidaridad; pero difícilmente podremos escapar de ella, dado que es condición de la propia existencia humana. Sin embargo, en algunas ocasiones podemos percibir cómo esta emoción toma un mayor protagonismo en nuestras vidas.

Por ejemplo, podemos sentirnos muy solos a pesar de estar rodeados de mucha gente, cuando realizamos serios esfuerzos en nuestras relaciones, mientras los otros se acomodan en una postura egoísta, receptiva y carente de toda atención hacia nuestra persona. Percibimos entonces un gran vacío por falta de cariño o comprensión, que produce un malestar comparable a la soledad física más absoluta.

También nos alcanzan emociones similares cuando creemos que no nos comprenden, que tenemos unos intereses y unos problemas muy diferentes que las personas de nuestro entorno. Este tipo de soledad puede estar relacionado con dificultades en la comunicación, preferencias culturales, diferencias educacionales o de inteligencia, pero también en muchas ocasiones con falta de habilidad y tiempo para expresarnos, comunicar lo que realmente nos preocupa, querernos y poder ser nosotros mismos. En este orden de cosas, muchas soledades en pareja tienen que ver con el tiempo dedicado al trabajo, la casa, el resto de la familia y la cotidianeidad en general, y que nos alejan de aquella gran disposición en los primeros momentos de las relaciones para conceder todo el tiempo y la atención del mundo al ser amado.

El vacío afectivo también puede encontrarse relacionado con el hecho de que aquellas personas que nos muestran su cariño no despierten en nosotros el suficiente interés. Podemos tener la atención y el apoyo de nuestros amigos, padres, etc., pero ésta, tristemente, parece no tener tanto interés como la de aquellos que admiramos o de los que deseamos su aprobación, como nuestros superiores o determinadas personas que se erigen para nosotros como verdaderos referentes, por su éxito, belleza, inteligencia...

Se ha escrito de la «soledad del mánager», pero también de la «soledad del poder», de la del hombre o la mujer sabios, y haciendo alusión a que los problemas y objetivos de directivos, políticos o intelectuales, suelen ser distintos y difícilmente comprensibles por sus congéneres. Ahora bien, cualquier persona puede sentirse solo rodeada de muchas otras cuando «su sintonía», sus valores, ideas, formas de ser y de expresarse, no son los mismos, y de ahí la necesidad humana de agruparse, de salir en busca de afines.

La sexualidad como fusión es la forma de mitigar la angustia existencial que la soledad provoca (Wamba, 1997:29). Por ello el amor romántico, cuando es correspondido, nos llena de felicidad, como expresión de nuestra victoria sobre la soledad, que alcanza a todos nuestros sentidos y recodos de nuestro ser, y que se nos antoja como un canto a la vida. Pero ya hemos dicho que la soledad es condición de la existencia, y antes o después a todos inunda la emoción de la soledad en pareja.

Una de las situaciones que con mayor angustia vivimos la soledad es aquella que concierne al matrimonio. Cuando la relación ha caído en la rutina, ha dejado de funcionar, o sencillamente no propicia la comunicación, el afecto o la ilusión que requieren los cónyuges. El fin del amor pasional, de la luna de miel de los primeros años, cuando no es sustituida por relaciones de afecto, apoyo y respeto, deja paso a una convivencia con escasos intereses en común y hace que muchas personas, aun permaneciendo con sus parejas, se sientan muy solas. Las serias dificultades psicológicas y materiales que deben afrontarse en cualquier separación pueden hacer de las uniones verdaderas jaulas para la felicidad. Cuando este hecho se produce dentro del matrimonio es más preocupante, y no es sencillo saber si es el resultado de una evolución separada de las partes, del cultivo de nuevos o viejos intereses sin contar con el otro, o sencillamente, que el final del amor romántico nos ha dejado sin objetivos que compartir. Tras de él, la libertad y las conversaciones estimulantes se han tornado obligación y desidia, y todas estas emociones nos inundan de una gran soledad.

«La soledad de dos en compañía» sintetiza con precisión el estado final que con frecuencia suele alcanzarse en el proceso de deterioro de una pareja. Sin embargo, este proceso no parece tan extraño, sino que por el contrario, como reza otro dicho popular, «de novios mieles, de casados hieles». Es bien conocido que con el tiempo las relaciones van perdiendo la fuerza y la exuberancia que caracteriza los primeros momentos de las mismas, y que unido a las dificultades en la convivencia hacen que, en ocasiones, el matrimonio y la vida familiar llegue a situaciones muy decepcionantes. Cuando al final del amor pasional no se alcanza el cariño y uno o ambos miembros sienten que dicha unión no sólo no responde a las expectativas forjadas, sino que además, se ha constituido como una rémora para sus aspiraciones, la primera sensación es la de un gran vacío, una impotencia puesta de manifiesto en forma de «guerrilla cotidiana».

Si nos atenemos a las cifras de separación, divorcio, matrimonios en crisis o simples desavenencias conyugales, no estamos hablando de situaciones excepcionales, sino de una problemática muy común, que arrastra verdaderos dramas personales y familiares, y que sienta sus raíces en una crisis de mayor calado.

En lo concerniente a la «crisis de la pareja» muchos son los autores que han argumentado causas ya expuestas sobre la idealización de las relaciones conyugales en las sociedades modernas; otros muchos los referidos a los cambios acontecidos en los roles convencionales socialmente asignados a la mujer y al hombre y que están cambiando y siendo cuestionados sin que hasta el momento se encuentren roles alternativos más satisfactorios para ambos; sin olvidar, por último, las explicaciones basadas en los condicionantes bioquímicos en la conducta humana. Si la supervivencia al hambre y las enfermedades fueron la principal preocupación del hombre y la mujer de otros tiempos, la estabilidad y la permanencia de las relaciones que contribuyen a nuestro bienestar general son fundamentales en nuestros días, sin que puedan aportarse hasta el momento recetas válidas para todos. Lo cierto es que el ser humano, como dijo Juan Ramón Jiménez, es un animal eternamente deseante, y sólo algunos afortunados, indudablemente más inteligentes, son capaces de amar más lo que tienen que todo cuanto son capaces de desear.

El propio amor romántico, como producto de la ideología liberal-burguesa y su mentalidad individualista, descansa en el deseo de ser libre emocional y sexualmente, y que se plasmó en las sociedades modernas en el hecho básico de asumir el derecho a la elección de pareja sobre la base de la atracción sexual. Todo ello implica serias contradicciones internas, y es que no es difícil reconocer que, ni el deseo sexual, ni el enamoramiento nos hacen libres.

Si la libertad del matrimonio se basa en la libre elección y en la igualdad de las partes, las funciones que la pareja nos va adscribiendo a unos y a otros son en gran parte impuestos, como ya se ha visto, y difícilmente equiparables.

Dicho todo esto, y aun suponiendo que sobre la base del enamoramiento, la atracción sexual, la libertad y la igualdad se construya una relación de amor y convivencia en armonía, existen otros problemas característicos de las sociedades modernas que dificultan sobremanera la comunicación en la pareja.

En la sociedad actual el exceso de tiempo dedicado al trabajo y los desplazamientos reduce los momentos dedicados a estar con los amigos y la familia, y muchas veces, cuando éstos llegan aparece lo que se ha dado en llamar «silencio del espectador»: ocios pasivos, individualistas (ordenadores, vídeo y televisión), que alejan toda posibilidad de manifestaciones comunitarias y de afecto. En las ciudades, las grandes distancias entre barrios residenciales separan a nuestras familias de las de nuestros amigos y parientes, eliminando todo contacto con lo que los psicólogos denominan «redes de reforzamiento social» y que consisten en la posibilidad de visitar amigos, vecinos, miembros de la familia que nos apoyan socialmente con el elogio y el afecto. Por el contrario, este refuerzo positivo se reduce a la familia nuclear, a la pareja sobre todo, haciéndonos enormemente dependientes de ésta.

La excesiva dependencia del cónyuge no se manifiesta como el mejor abono para la felicidad:

- Cuando uno de los miembros no trabaja se produce su aislamiento social. Demandará entonces una mayor atención del otro, más tiempo y que le provea de los contactos sociales de los que carece, incrementando su dependencia.
- Cuando la mujer trabaja, también se producen desajustes, porque las dobles jornadas, en casa y en el trabajo, no dejan demasiado tiempo y entusiasmo para el apoyo afectivo del compañero, ni para cultivar otro tipo de amistades o actividades gratificantes.
- Se espera una participación activa de la pareja en nuestras aficiones e intereses, cuando ni por nuestra educación ni por nuestros hábitos culturales esto parece, por el momento, ni deseable, ni posible.

¿A quién le gustaría tener a su marido al lado cuando visita la peluquería? ¿O asistir con su mujer a los partidos de su equipo preferido? A pesar de que siempre se ha dicho que hombres y mujeres somos diferentes pero complementarios, ya desde los primeros años de escuela pareciera que se nos conduce por caminos culturales más que diferentes, opuestos, y por tanto, a que la distancia del mundo de los hombres y el de las mujeres, que en un primer momento se traduce en una gran curiosidad y expectación durante la adolescencia, se convierta más adelante en distancias irreconciliables.

Por otra parte, la igualdad de la mujer se ha pretendido en un contexto de renuncia a sus propios valores, a favor de la ocupación del espacio y los valores que hasta el momento eran reservados para el varón. No es de extrañar, que esta igualdad, que la competencia laboral, las jornadas interminables, la agresividad necesaria en el ámbito de lo público, no sólo no satisfagan a las mujeres sino que además, llenen de decepción sus trayectorias vitales y las de sus compañeros, traduciéndose en una lucha casi extrema, combinando maternidad, trabajo doméstico, feminidad y rendimiento laboral, en unas condiciones en las que lo femenino y la mujer sigue ocupando puestos y papeles secundarios.

Un precio a veces es excesivo, por conseguir combinar el sueño de la familia tradicional que nos han inculcado, ser madres y felices esposas, con la misión que nuestro papel histórico nos exige como ciudadanas libres y profesionales con derechos y deberes con la sociedad.

2.2.2. La soledad de las madres

Ha quedo claro que un exceso de vida social puede ser fuente de angustia y mayor soledad. Toda interacción con los demás exige de atención y de esfuerzo, de un estado de alerta, y cuando a ésta además se une el trabajo en exceso, el trato con nuestros semejantes puede ser extenuante y agotador. Esto se produce sobre todo cuando la «sobrecarga» de vida social no llega de forma voluntaria, sino que tiene que ver con roles adscritos, como «pareja de» o ama de casa, por ejemplo.

Es por ello que durante la crianza de los hijos, no es extraño escuchar de muchas madres la expresión «no tengo un momento para mí misma». En estos casos la soledad no es resultado de la falta de contacto social, sino del exceso de éste, sin que las relaciones humanas que conseguimos establecer nos permitan escapar de nuestra soledad más profunda e ineludible —la soledad existencial—, o bien, alcanzar esa otra soledad de la calma, que nos conduzca al encuentro con nosotros mismos, con nuestra identidad.

Estas cuestiones aparentemente contradictorias son las que hacen de la depresión de las amas de casa una de las problemáticas sociales menos comprendida. Pero no sólo de éstas, también de las personas que desempeñan su trabajo a domicilio, teletrabajadores, o trabajo doméstico y de cuidado de personas en general.

Es éste un problema que no encuentra explicación, como a veces se ha pretendido, en la naturaleza femenina, ni en la mera soledad, sino que se halla íntimamente ligado a la construcción social del papel tradicional y el tiempo de las mujeres, y que afecta a su salud y su autoestima.

Para sociólogas como María Ángeles Durán, la cultura occidental tiene un sentido del tiempo, influenciada por el cristianismo, de carácter lineal (creación, salvación o condenación), a diferencia de otras culturas como la budista, de carácter circular (naces, vives, te encarnas, etc.). Esta concepción impregna la vida de los hombres (la carrera laboral lineal y jerárquica), pero se integra con dificultad en la vida de las mujeres (los ciclos vitales, la menstruación, la reproducción, la limpieza del hogar, las compras de temporada, la crianza de los hijos y después de los nietos), todo parece repetirse de nuevo cada día, como si nuestra vida no avanzara, en un mundo que valora el logro, la influencia social por encima de todas las cosas.

Dicha circularidad del rutinario trabajo doméstico produce depresión, baja autoestima, emociones de incomprensión y soledad, pero cuando se une la tarea de compatibilizar la tensión del trabajo doméstico-circular, con la tensión del laboral-lineal, ambas se imponen una sobre la otra ralentizando el crecimiento personal y profesional, haciéndonos sentir culpables por no hacer las cosas tan bien como pudiéramos, y es fuente de estrés y de un gran nerviosismo.

Según Parsons (1902-1979) en la familia tradicional el padre desempeñaba el papel instrumental (traer el dinero, tomar las decisiones importantes, mantener la autoridad), la madre el afectivo (educar, dar apoyo y cariño a los hijos, etc.); los dos son necesarios para la reproducción del sistema social. Sin embargo, el papel paterno es independiente, se prestigia y monetariza, mientras el papel materno tradicional es dependiente, y aunque podría contabilizarse en términos económicos, no se encuentra remunerado ni valorado en su justa medida, el cual podría llegar a ser superior al salario convencional (tiempo para la educación, administración, decoración, limpieza, cocina, etc.).

Las cosas están cambiando, las tareas domésticas se comparten y las mujeres alcanzan cada vez mayores cotas de participación en la economía convencional. Aunque por el momento, y si seguimos los datos de la IV Conferencia Mundial sobre la Mujer, celebrada en Beiging en 1995, Noeleen Heyzer (directora del Fondo de Desarrollo de las Naciones Unidas para la Mujer, UNIFEM) aseguraba que, mientras que las mujeres en todo el mundo aportan las dos terceras partes de las horas de trabajo, únicamente les corresponde la décima parte de los ingresos y de la propiedad mundial.

No tienen que sucederse demasiadas encuestas y trabajos de investigación para que toda mujer perciba la importancia del apoyo materno y del tiempo de dedicación al hogar, tanto al cónyuge como a los hijos. Así recientes estudios como los del doctor John Mann, profesor de psiquiatría de la Universidad de Columbia, sobre los antecedentes biológicos y sociales del suicidio, revelan que, además de los factores genéticos, la soledad y el maltrato durante la infancia determina en buena medida los niveles de los dos «neurotransmisores» implicados en esta conducta: la serotonina y

la noradrenalina. Es decir, que la conducta suicida se encuentra relacionada con la influencia de los padres, y sobre todo con el papel de la madre.

Queda ahora por admitir, y la prevalencia de la depresión en las amas
de casa así lo demuestra, que a su vez las madres necesitan recibir apoyo,
es decir, que la familia ejerza con ellas esa función afectiva de la que hablaba Parsons, para no sentirse solas, y que los hombres en la actualidad,
en su ruptura con el papel inexorablemente del pasado, ya desempeñan de
forma natural con los niños, pero no siempre con las madres. Para que la
familia entienda que las madres requieren del mismo apoyo afectivo que
ellas de una forma «no tan natural», sino esforzada y conscientemente dis-
pensan, conviene que seamos capaces de mostrar nuestras verdaderas
emociones, exigiendo las atenciones que merecemos, en relación con las
que dedicamos.

A esta función dadora de amor y compañía incondicional en la que a veces se olvida la necesidad de recibir, se une el papel subsidiario que las mujeres ejercen en la economía y en la sociedad, y que hace que no sólo en el
hogar, sino también en el ámbito laboral, desempeñen en mayor medida
funciones de servicio, reproduciendo sus funciones en el esquema tradicional del hogar: en la enfermería, hostelería, trabajo administrativo, ayuda familiar, cuidado de personas, relaciones públicas, secretariado, etc. En resumen, labores de apoyo y asistencia que son imprescindibles para el bienestar
de toda comunidad, pero que requieren de una gran entrega y desgaste personal, al tiempo que no reciben un reconocimiento social equiparable.

Una última razón que justifica la soledad en el hogar, y en concreto para
el caso de las mujeres, es el papel masculino que de forma tradicional ha
sido adquirido, frente al femenino de carácter adscrito. Quiere esto decir
que el varón ha elegido estudiar una carrera, una profesión, tanto como suelen hacerlo las mujeres en la actualidad, pero en cambio las mujeres no
siempre han elegido cuidar a los padres y los suegros, a los enfermos de la
familia, o todo el gran peso del trabajo doméstico y el cuidado de la descendencia en solitario, etc. Es importante para ser feliz asumir de buena gana los
papeles que la vida nos impone sin remedio, pero también detectar y luchar
por los inconvenientes de los que nos son adscritos de forma involuntaria, a
veces injusta y poco reconocida. Cuando las mujeres sólo trabajaban en el
hogar, la norma social establecía este rol secundario como parte de sus tareas. En un momento como el actual de transición de los roles tradicionales

hacia la total integración de las mujeres en el ámbito laboral, el reparto de tareas se sobreentiende de formas muy diferentes y a veces arbitrarias. Este hecho crea una gran insatisfacción y soledad en los cónyuges, en hombres y mujeres que viven esta adaptación no sin dificultades.

La «carga social» puede ser parte de la profesión (políticos, sacerdotes, guías turísticos, etc.), pero también por razones culturales, como la división sexual del trabajo que obliga a muchas mujeres a un sobreesfuerzo en concepto de cuidado de familiares enfermos, mantenimiento de las relaciones sociales de los miembros de la familia (con las madres de otros niños, con las mujeres de los compañeros, etc.), o a trabajos con una mayor carga de conectividad social, para los que se considera que está más capacitada (trato con el público, coordinación de actividades, atención telefónica, relaciones públicas, etc.).

Este hecho, que hace alusión a la asunción por parte de las mujeres de papeles atribuidos por razón de sexo, entraña grandes dosis de frustración, por la escasez de espacios para la intimidad, el encuentro personal o la autorrealización.

Asimismo, contribuyen en el caso de las labores domésticas, o de determinados trabajos poco cualificados que obligan a la realización de labores monótonas y rutinarias, a la aparición de cuadros de carácter neurótico en los que son muy frecuentes las alteraciones de carácter emocional, las cuales inciden en las actitudes afectivas y en respuestas de ansiedad. También pueden presentarse dolencias de tipo psicosomático equiparables a las producidas por las situaciones de estrés.

Otra fuente de insatisfacción que llena de una gran soledad la vida de las mujeres es la concerniente a la construcción social de su quehacer. Estudian, trabajan, educan y apoyan a las nuevas generaciones, curan, son médicos, jefas y subordinadas igual que los hombres, y esto desde tiempos remotos, como lo demuestra un gran número de investigaciones sobre la historia de las mujeres. Incluso en la España del medievo se conservan documentos que demuestran que un buen número de mujeres ejercía la medicina oficial. Sin embargo, el papel que se les atribuye si analizamos los anuncios de prensa, el cine, la televisión y hasta los libros de historia no es tan edificante; más centrado en todos los posibles roles sexuales que en los humanos o profesionales: mujer fatal, «objeto» y sobre todo víctima.

Parece por tanto, que no tiene mucho sentido seguir optando por una adnegación legendaria, y sí por una apropiación de las vidas y los destinos, enriqueciendo la vida cotidiana:

- Desterrar la culpabilidad, «lo perfecto es enemigo de lo bueno».
- Todos los seres humanos necesitamos y debemos participar en nuestra comunidad, aportar lo mejor que tenemos y recibir el apoyo de los demás.
- Todos, no sólo los hijos, tenemos el derecho y el deber de cultivarnos a lo largo de toda la vida.
- También todos tenemos necesidad de mantener una red importante de amigos/as, y debemos luchar por ello. Aunque nuestra dedicación al trabajo no nos lo permita, siempre existen teléfonos, correo electrónico, cafés de media hora, etc.
- Realizar un proyecto propio de vida que no se centre sólo en la carrera del cónyuge o la descendencia.
- Romper la circularidad de la vida doméstica con proyectos de vida interesantes.
- No permanecer demasiado en la soledad del hogar.
- Arreglarse siempre que sea necesario salir, pero también para estar en casa.

2.3. Cuando sólo hay tiempo para trabajar

2.3.1. Adicción al trabajo y soledad

No es difícil llorar en soledad,
pero es casi imposible reír solo.

DULCE MARÍA LOYNAZ (1903-1997)

En las modernas sociedades urbanas, la vida social se desarrolla fundamentalmente en el ámbito del trabajo. Las relaciones con los vecinos, los amigos y la familia en las grandes ciudades han ido reduciéndose, y la necesidad de mantener un nivel aceptable de consumo obliga a hombres y mujeres a trabajar más, a no conformarse. Sin embargo, las relaciones en el trabajo no suelen ser todo lo satisfactorias que cabría esperar; por propia definición, el ámbito laboral es un espacio de competencia profesional, sumisión a las normas y relaciones impuestas.

Como reconoce la doctora Hirigoyen: «Con el temor al paro que persiste a pesar de la recuperación económica y el incremento de las presiones psicológicas relacionadas con los nuevos métodos de dirección de empresa, el miedo se ha convertido en un componente importante del trabajo. Está larvado en el interior de muchos asalariados, aunque no se atrevan a hablar de ello. Es el miedo a no estar a la altura, el miedo a no complacer al jefe, a que los colegas no le aprecien a uno, el miedo al cambio, también es el miedo a una sanción o a cometer un error profesional que pueda conllevar el despido.» (2001:43).

En las nuevas sociedades secularizadas, la religión ha dejado paso a la vocación y al trabajo como moral de vida, y su recompensa es el consumo que no tiene fin.

El exceso de trabajo es un problema que inunda de vacío y soledad, tanto a quienes lo padecen como a sus familias y personas que les rodean. Pensemos en esa especie de depresión (conocida como neurosis del domingo) de aquellos que cuando la actividad semanal finaliza, se hacen conscientes de la falta de contenido de su vida. El trabajo en exceso nos hace olvidar la soledad existencial, pero a la postre se convierte en una fuente de mayor aislamiento y vacío.

Las cada vez más largas carreras educativas hacen que muchos jóvenes inviertan buena parte de sus vidas en estudios, tesis, oposiciones, antes que en la convivencia con los demás y en la realización de un significado propio más allá de la consecución de un empleo. La vida profesional ha crecido en competitividad derivada de las nuevas condiciones de trabajo, la alta movilidad de los trabajadores y la competencia a escala internacional. Es importante mantener a flote nuestras empresas y la utilidad de nuestros empleos en unos momentos en los que ya ni el trabajo, ni el matrimonio, ni el estatus es para toda la vida. La lucha se hace intensa y permanente, y en este contexto es sencillo ver cómo la vida familiar y de convivencia va mermando, mientras aumenta la estancia en las oficinas o el trabajo desde el hogar gracias a las nuevas tecnologías. Nunca fue tan fácil llevarse tarea a casa, como hoy cuando toda la unidad familiar se encuentra relajada en sus respectivas «pantallas».

La versatilidad de los ordenadores, infinitas posibilidades para trabajar en el hogar, pero también para combinar el trabajo con el juego, la búsqueda, los foros de debate, el turismo cibernético (conociendo países, datos y mundos...), hacen que, sin darnos cuenta, padres e hijos puedan llegar a invertir en ellos mucho más tiempo del que en principio se espera. Por otra parte, el uso del ordenador está pensado para un solo individuo. Este tipo de ocio-trabajo es solitario, y la gran cantidad de tiempo en él invertido priva a jóvenes y mayores de la proyección y ejecución de otras modalidades más participativas de consumo de tiempo libre, como salir de excursión, ir de aventura, salir al cine o a comer.

Esta gran laboriosidad provoca que muchos hombres y mujeres prefieran pasar los fines de semana descansando en el hogar antes que saliendo al encuentro de amigos, lo que en el caso de las personas solteras resulta preocupante. Por otra parte, durante la semana laboral, los compañeros, que en otros tiempos formaban el grupo social con el que compartir la vida y los mejores momentos, pasan a ser competidores y conocidos que se prefiere no frecuentar fuera del hostil entorno de trabajo. Las relaciones sociales en la oficina pasan de ser redes de solidaridad a formar parte del propio trabajo, en donde cada uno tiene unas condiciones contractuales particulares y las relaciones entre iguales no pueden ser libres. No conviene olvidar que, en la actualidad, cualquier conflicto entre compañeros puede revertir en la permanencia en el puesto. Un desencuentro con los jefes, los problemas derivados de una relación sentimental fallida o, sencillamente, el hecho de ser diferente, de no coincidir con esa idealizada «cultura corporativa» puede ser duramente penalizado.

El caso de Francisco

A sus treinta y siete años de edad, Francisco trabajaba desde hace más de tres años en un importante banco nacional. Cumplidos los tres años y una vez en plantilla, pensó que hacer notar que su permanencia en la oficina era superior a la de todos sus compañeros sería una buena manera para conseguir mejorar su posición.

No necesitaba mirar el reloj, se le pasaba el tiempo sin darse cuenta, y cuando terminaba con el papeleo del día, avanzaba asuntos del siguiente, para de ese modo aprovecharlo en nuevas visitas que traerían más clientes a la sucursal.

Sin darse cuenta había pasado de los quince minutos añadidos a sus nueve horas de trabajo con los que comenzó su proyecto de mayor permanencia, hasta las dieciséis y hasta dieciocho horas al día. Además, cuando terminaba su jornada, a veces se quedaba con el interventor tomando una copa, lo que suponía seguir hablando de su trabajo o de asuntos relacionados con éste o sus compañeros.

Su esposa hacía tiempo que sospechaba que algo raro pasaba en la vida de Francisco, pero como siempre que llamaba se encontraba en su despacho, tan sólo le insistía sobre la importancia de que sus hijos compartieran con él más tiempo. Él atribuyó estas quejas a una común actitud persecutoria de todas las mujeres, y a la neurosis propia de las amas de casa. A fin de cuentas, si ella había dejado su trabajo para cuidar de los niños era importante luchar por un mayor nivel de ingresos en la familia.

Durante los dos años siguientes, Francisco fue felicitado por alcanzar el mayor número de nuevas cuentas abiertas en su oficina, siendo ascendido por dos veces consecutivas. Mientras tanto había llegado tarde al alumbramiento de sus dos hijos menores. Esto es lo que ocurre cuando se demora unos minutos más la hora de salir del despacho y luego otros más.

Mientras, su mujer se sentía abandonada, desolada y muy defraudada con este tipo de vida en el que además de cuidar de la casa y los niños, no tenía la menor posibilidad de encontrar un momento para charlar con alguien, o para tratar cómo se sentía con su marido. Se acostaba sola, mientras Francisco iba robando tiempo al sueño, incluso a la comida, que hacía que se la acercasen desde la cafetería del al lado.

Comenzó a perder amigos, cansados éstos de posponer cenas que nunca llegaban a realizarse, el cariño de su mujer; hasta la relación con su familia que no entendía por qué era incapaz de asistir ni a una sola de sus celebraciones. El banco seguía prometiéndole nuevos ascensos que esta vez no llegaban.

Hacía varios años que el delegado de zona consideraba que mejor que estimular el rendimiento de alguien tan dispuesto a trabajar y que asumía su puesto sin ningún problema, debía incentivar a otros miembros de la sucursal para que alcanzasen resultados parecidos.

En este entorno, encontrar almas que nos apoyen frente a las «inclemencias» de la vida profesional es más importante todavía. Una familia o un cónyuge con quien poder hablar, amigos con los que desahogarse, una «pandilla» con la que emprender cualquier tipo de viaje o aventura, encuentros con personas con aficiones similares con las que charlar terminada la jornada, no son metas tan inalcanzables, y todos deberíamos perseguirlas en aras de una buena salud mental.

Los adictos al trabajo consumen muchas horas en el mismo de forma inusual y placentera, aumentando las dosis paulatinamente. Quienes sufren este tipo de dependencia encuentran argumentos que justifican su conducta. Al igual que ocurre con otro tipo de adicciones, siempre cuentan con penas y alegrías indistintamente para dirigir la mirada a su vicio, llegando así a perder la noción de realidad. Se trata de vencer el umbral del acostumbramiento con mayores cotas de trabajo que nos impongan un también mayor rendimiento y un efecto estimulante sobre el estado de ánimo.

El apoyo de este tipo de conductas es más inmediato que en otras adicciones, porque ya sea en forma de dinero o de logros profesionales, el refuerzo es constante. Mientras, por el contrario, el vacío y la soledad que nos despertará el resto de ámbitos de nuestra vida también será cada vez mayor; cansados, como suelen encontrarse familiares y amigos de esperarnos. Los hijos sufrirán la ausencia del padre o la madre, y las consecuencias de su presencia cuando están demasiado cansados, irascibles y obsesionados con el trabajo para atender a sus necesidades.

Este tipo de personas, al igual que muchos drogodependientes, cuando consiguen recuperarse sienten que su vida ha sido malgastada, que ha pasado «volando», si bien en este caso frente a un despacho y bendecido por la sociedad.

Para este tipo de personas, el fin de semana o las vacaciones resultan desagradables, como si de un síndrome de abstinencia se tratase. Se piensa en el trabajo en la playa, mientras se juega con los niños o en las comidas con otros familiares y amigos.

La compulsión por el trabajo se hace más amenazante en un entorno de escasez del empleo, sobre todo para aquellas profesiones en las que conviene «coger todo el trabajo» en previsión de los tiempos en los que éste no llegue. Sin embargo, existe una gran diferencia entre laboriosidad y adicción, y es que esta primera deja de ser virtud cuando se convierte en un comportamiento destructivo, para nosotros y las personas de nuestro entorno: cuando no podemos controlarlo y la pulsión por seguir trabajando nos controla.

Como todas las adicciones basadas en la negación, será más tarde que pronto cuando se pida ayuda especializada, teniendo que esperar alguna situación límite como graves problemas de los hijos, uno o varios divorcios o un accidente cuando se conducía demasiado cansado.

Incluso cuando la cerrazón en nuestra actividad se deba a una pasión desbordada, una vocación que nos hace felices, sin que encontremos otro medio más satisfactorio de relacionarnos con los demás, existen infinidad de oportunidades para establecer otro tipo de actividad: asociaciones profesionales, congresos, actividades, cursos de perfeccionamiento, grupos de estudio en las distintas materias, etc., pueden proporcionarnos un buen número de amigos fieles y con intereses comunes. También existe el arte de la planificación para luchar por una vida más completa, dejando espacio para otros aspectos de la vida, como los afectos, la salud o la diversión sobretodo porque merece la pena.

2.3.2. La soledad del éxito

> *Cualquiera puede simpatizar con las penas de un amigo;*
> *simpatizar con sus éxitos requiere una naturaleza delicadísima.*
>
> OSCAR WILDE (1854-1900)

Si bien la soledad del fracaso parece más obvia, no es menos real la soledad del triunfo, la soledad del directivo o de quien ejerce el poder. El triunfo o éxito son conceptos que de forma habitual son interpretados en el contexto de las expectativas sociales de superación y elevación de la categoría profesional o el estatus socioeconómico, pero que, en realidad, se encuentran más relacionados de lo que pudiera parecer con los propios deseos y expectativas que cada ser humano tiene sobre su futuro.

Por un lado las necesidades y los objetivos que uno se forja en la vida movilizan nuestra acción, en donde el éxito o fracaso sobre las propias metas no siempre coincide con lo que nuestro entorno espera de nosotros. El éxito tiene, por tanto, una vertiente particular, introspectiva, en relación con los anhelos personales, y otra social, en correspondencia con lo que los demás esperan. Así, la retribución económica, la mayor responsabilidad laboral o la fama, son aspectos que el común de los mortales identifica con el éxito, mientras muchas personas optan por alternativas más encaminadas a la obtención de un mayor volumen de tiempo libre, tranquilidad y anonimato.

El éxito llega en otras ocasiones sin buscarlo, como fruto del trabajo desarrollado, o en parte fruto del azar (como en la política o los negocios bursátiles); mientras existen no pocas profesiones en las que es difícil vislumbrar una proyección social suficiente que permita a sus profesionales aspirar al éxito, aunque su propio desempeño como servicio a la sociedad no tenga parangón o debieran ser merecedores del mayor reconocimiento.

Las distintas formas de éxito no significan lo mismo en todas las culturas, por ejemplo, si el ahorro y el éxito financiero, se entienden como base y manifestación del perfecto creyente protestante, o el crédito ha sido una de las especializaciones de los judíos, para los católicos estos valores no se encuentran tan unidos a su cultura. Y tal vez sea por esta asimilación de los valores anglosajones que el éxito en los tiempos actuales es equiparado, con demasiada frecuencia con la felicidad. Éste, en cambio, no sólo no la incluye, sino que además puede hacernos sentir un gran vacío, un verdadero cataclismo al comprobar que tras un gran esfuerzo y la consecución del éxito no estamos ni más felices, ni en ocasiones más queridos y acompañados.

Por una parte, el éxito puede no ser bien asimilado por el recién adherido a la esfera de influencia, que se convierte en un ser despótico y engreído que sólo cuenta con la presencia de quienes persiguen intereses ajenos a la amistad. Pero también puede ocurrir que muchos de nuestros vecinos, familiares o compañeros, no sean capaces de aceptar el triunfo de uno de sus iguales, porque de algún modo éste cuestiona su propia valía personal.

Cuando se trata de una mujer, de una persona más joven o de alguien de un estrato social inferior, es más difícil aún que el éxito sea admitido y la envidia hace mella en sus vidas y carreras profesionales. Y es que los demás pueden ver cuestionada su trayectoria personal con el triunfo de alguien para el que no albergaban grandes expectativas. En ocasiones, estas mismas carreras deben construirse teniendo muy en cuenta las maledicencias y los celos, otras son precisamente el resultado de intentar salvar enemigos «saltando por encima». Todas las personas que conozco que han llegado a un puesto político importante, un cargo académico o jurídico o una distinción en la carrera periodística a una edad temprana, saben de qué estoy hablando.

El éxito en la mayoría de las ocasiones supone mayor dedicación al trabajo, mantener el nivel de exigencia correspondiente a la altura de nuestra carrera, así como a la de las esperanzas que han puesto en nosotros la familia, nuestros superiores...

También es más complicado encontrar la pareja idónea, sobre todo cuando se ha alcanzando un estatus profesional elevado mientras todavía se es joven y las amistades frecuentadas suelen ser de mayor edad y con intereses muy específicos, lo cual no favorece el encuentro de personas más afines entre las que poder establecer relaciones de amor o amistad igualitarias. Por otra parte, las personas jóvenes no entenderán fácilmente a un compañero con un alto nivel de entrega a una carrera política, intelectual o empresarial y desistirán de llamar a su puerta.

Es la soledad de los jóvenes artistas que saben que meses antes de su primer triunfo nadie contestaba a una sola de sus llamadas, y ahora tienen a sus pies a cientos de seguidores y seguidoras centrados más en la imagen que en el ser humano. Así es como modelos, cantantes, actores y artistas se sienten atrapados en la propia frivolidad del rol de divos-divas, que no siempre les permite, a pesar de encontrarse muy acompañados, hallar las personas idóneas.

Creo recordar que fue Virginia Wolf quien dijo que el éxito llama al éxito, y si bien es cierto que cuando la colectividad nos concede unos atributos, tanto positivos como negativos, es difícil disuadir a todo el mundo de lo contrario.

El éxito también puede precipitarnos hacía el más estrepitoso de los fracasos, cuando todavía no nos hallamos en una posición lo suficientemente consistente como para amortiguar las embestidas de todos aquellos para los que nuestro triunfo supone un riesgo, aunque tan sólo sea en relación con la imagen que tienen de sí mismos.

Se considera también que el éxito profesional conduce a la soledad porque los puestos de mayor responsabilidad y decisión conllevan la separación del grupo de iguales, y una cierta distancia que permita actuar y evaluar con eficacia el comportamiento ajeno. En éste, como en los casos anteriores, la soledad puede tratarse tan sólo de un problema momentáneo de ajuste con el entorno.

Podemos percibir cómo algunos de nuestros antiguos amigos se encuentran todavía a nuestro lado y distinguiremos rápidamente quién nos quiere bien y quién se siente incapaz de darse por enterado de nuestros éxitos. Esto no debe preocuparnos ya que, cuando se alcanza una nueva posición social, sus ventajas y nuevas problemáticas nos aproximarán a las personas y conocidos que también las disfrutan y padecen. Pueden aparecer incluso viejos compañeros del colegio o nuevas personas de nuestro alrededor que estarán deseosos de compartir su tiempo con personas afines. Conviene estar alerta de las asociaciones profesionales (de artistas, directivos, compositores, periodistas, empresarios, cirujanos, etc.), los clubes y lugares de ocio frecuentados por quienes nos gustaría vernos acompañados, y sobretodo, ser nosotros mismos los que tomemos la iniciativa de solicitar consejo y ayuda de aquellos que ya estuvieron en nuestro lugar. Esto además nos proveerá de nuevos y sinceros amigos y mentores.

2.3.3. La soledad del fracaso

> *El talento se cultiva en soledad; el carácter se forma en las tempestuosas oleadas del mundo.*
>
> Johann Wolfgang von Goethe (1749-1832)

Del lado opuesto, si el éxito llega tras la consecución de una meta, el fracaso, a grandes rasgos, lo hace cuando la pérdida de algo o de alguien nos lleva a pensar que nuestra vida y nuestros actos no han tomado el camino más adecuado: pérdida de la pareja, pérdida de un curso, pérdida de admiradores, clientes, del trabajo...

Todos estos hechos pueden producir el aislamiento social y la soledad, por desclasamiento (en el caso de la pérdida del trabajo y en ocasiones del cónyuge), alejamiento de nuestros iguales, de los referentes sociales que conforman nuestra identidad social, o el propio éxito social que nos convierte en lo que más deseamos ser (con la adhesión de los admiradores para los artistas, los clientes para los empresarios y comerciales, los electores para el político...).

La degradación en el estatus es a su vez uno de los problemas que en mayor medida empuja a trastornos de carácter psicológico, como la depresión. Y ello no es de extrañar si consideramos la gran inversión en tiempo, ilusiones y esfuerzo que en muchas ocasiones requiere conseguir aquello por lo que todos los demás pugnan. La pérdida del éxito espontánea o esperada puede sumir a las personas en una gran desolación, máxime cuando a ésta le acompaña la precariedad económica o la invalidación profesional para reiniciar la carrera.

En el caso de los políticos y personas con mayor influencia, pareciera que cuando fracasan o caen en descrédito suelen ser abandonados por buena parte de sus amigos y conocidos que hasta ese momento «pululaban» alrededor de ellos en espera de favores o una oportunidad para el estrellato.

Es en estos casos cuando el primer paso para no estar vencido es creerlo de este modo. El primer secreto para entender el mecanismo por el que se consigue el éxito no reside en el azar ni en los hados, sino más bien, en la realidad comprobable de que el que más éxitos consigue es aquel que más veces ha arriesgado. Estadísticamente parece lógico pensar que, antes o después, quien gana más veces es que el juega otro tanto. Quiere esto decir que:

1. La persona que tiene más éxito en la vida es aquella capaz de encajar un mayor número de fracasos aprendiendo de ellos.
2. En situaciones donde las posibilidades de conseguir el éxito no son aleatorias para cualquier decisión, tan importante como intentarlo será optar por la mejor decisión, emplear el mejor método.

Para superar un fracaso es fundamental tener en cuenta estas premisas:

1. Un fiasco es parte del camino no su final.
2. Una pérdida (por ejemplo del empleo) significa el fin de una etapa (en el puesto de trabajo), no el fin de lo que se puede hacer, del proyecto de vida (p. ej. la profesión).

3. El fracaso no es del todo malo si perdida la oportunidad no perdemos la lección.
4. Las personas de éxito son las capaces de movilizar las emociones que propicia el fracaso para volver a intentarlo.
5. Un fracaso es un contratiempo, pero sólo la muerte nos desprovee de la segunda oportunidad.

Una vez entendida cuál ha de ser la actitud más coherente, llega el momento de pensar en el cambio de estrategia, en cuáles son nuestras fortalezas y debilidades, y qué cosas deberemos cambiar en nuestra conducta para mejorar los resultados.

1. Expectativas desmesuradas.
2. Falta de esfuerzo.
3. Demasiados objetivos.
4. Éxito de los competidores.
5. Problemas en nuestra preparación.
6. Fallos de terceros.
7. Momento inadecuado.
8. Decisiones inadecuadas.
9. Factores ajenos.
10. Comportamientos inadecuados:
    a) Falta de liderazgo.
    b) Problemas de adhesión.
    c) Soberbia e inflexibilidad.
    d) Falta de habilidad.
    e) Inadaptación.
    f) Problemas de confianza, etc.

Si el fin de una etapa no tiene necesariamente que ser un fracaso, sí debemos reconocer, en cambio, que muchas de las situaciones vividas como tales tienen que ver con problemas en nuestras relaciones con los demás, los cuales nos han conducido a la pérdida de su afecto y con ella de una relación, un trabajo, una posición en nuestro grupo social. Entendido como tal el fracaso, parece lógico que lo tratemos como una forma de soledad que debemos superar. En estas situaciones será de interés recabar la mayor información posible sobre cuáles han sido los verdaderos antecedentes, y aunque resulte duro, para ello conviene contar con la opinión de los demás sobre nuestro comportamiento o nuestras decisiones.

No obstante haber tenido problemas de liderazgo, discreción, habilidad para conectar con nuestros superiores, envidias y maledicencias o cualquier otro contratiempo que nos ha alejado de nuestra esfera de influencia habitual, no quiere decir que la hayamos perdido con nuestros amigos y allegados.

En las entrevistas realizadas para el trabajo de campo a distintos personajes (banqueros, políticos, periodistas, artistas) que han perdido su posición de influencia social, se ha podido comprobar cómo aquellas personas que tienen una buena disposición para comunicarse con los demás, el fracaso profesional no se ha visto acompañado del fracaso social. Sin embargo, para aquellas personas para las que dicha influencia social ha sido el reflejo de su propia vida, sí ha sido notoria la soledad: el fin del sonar de los teléfonos, la pérdida de amigos, etc.

Es de suponer que si la influencia se consigue a través de las redes sociales y el trabajo asociativo, una vez que el fracaso se ha producido, las personas que han sido respetuosas con sus semejantes podrán regresar a los ámbitos de donde partieron con la adhesión de los compañeros: por ejemplo, cuando un profesor deja de ser rector, cuando un político debe volver a su agrupación local o un director de cine tiene que regresar a los cortos de bajo presupuesto. Cuanto más humildad llevemos en la escalada, menos traumática será la caída.

Sin embargo, este tipo de conceptos nos puede hacer pensar que el sentido de la vida es el triunfo, dándole no sólo mayor importancia de la que tiene al éxito, sino por esta misma razón al fracaso. Ambos son, la cara de una misma moneda, que nos hace pensar que la única batalla perdida es la batalla abandonada, y que nadie fracasa a menos que deje de intentarlo. «El que resiste gana», decía Camilo José Cela. Y tanto es así, que es difícil encontrar personas con éxito que no hayan gozado de buenas y malas rachas, y que por no haber cejado en estas últimas han conseguido aquello que deseaban, e incluso pasar a la historia de la humanidad.

La soledad en sí misma es también vivida como un fracaso, y entendida como un estigma social. Es por eso que el solitario por el hecho de serlo se considera «un perdedor», aumentando de esta forma la percepción de su vulnerabilidad frente a los otros.

RETRATO DE UN EMPRENDEDOR

Fracaso en el negocio - bancarrota, 1831
Derrotado en la Legislatura, 1832
Su novia y prometida muere, 1835
Sufre un colapso nervioso, 1836
Derrotado en las elecciones, 1836
Derrotado en las elecciones al Congreso (USA), 1843
Derrotado (2) en las elecciones al Congreso (USA), 1846
Derrotado (3) en las elecciones al Congreso (USA), 1848
Derrotado en las elecciones para el Senado (USA), 1855
Derrotado para Vicepresidente (USA), 1856
Derrotado nuevamente para el Senado (USA), 1858

ABRAHAM LINCOLN -
Elegido Presidente de los Estados Unidos,1860.

Si en nuestra sociedad se equipara éxito con felicidad, es natural que éste se persiga hasta tal punto que su asimilación conduzca a la búsqueda constante de triunfos. Esta imprecisión es la que pronto comprenden los adictos al trabajo tras su recuperación, cuando descubren que a pesar del éxito laboral no pueden ser felices. De este modo pueden encontrar tras un fiasco en bolsa, un fracaso político, o el menoscabo de la aceptación del que gozaba su trabajo, la oportunidad de descubrir un modo de vida más humano o un nuevo trabajo más gratificante.

2.4. Separación o pérdida del ser querido

El más difícil no es el primer beso, sino el último.

PAUL GÉRALDY

La pérdida afectiva, ya sea por ruptura o por fallecimiento del cónyuge, es uno de los factores que más pueden afectar la estabilidad emocional del ser humano, siendo la separación y el fallecimiento de un ser querido las dos situaciones más citadas como causas de estrés por los especialistas.

Cuando enviudamos o nos separamos, perdemos puntos de apoyo para nuestra cotidianeidad y uno de nuestros principales referentes vitales. Pero cuando a la soledad de la separación se une la experiencia del fallecimiento, percibimos asimismo la rotundidad de la extinción de la vida demasiado cerca. Este tipo de vivencia nos aproxima de nuevo y de forma feroz a la soledad existencial que habíamos conseguido burlar con el amor. Sin embargo, la superación del trauma no es el mismo en todas las situaciones, dependiendo de aspectos como la edad, la estabilidad de la pareja, si se tienen hijos, etc.

En la adolescencia, el descubrimiento del propio ser y el fin de la idealización de los padres, impele a la búsqueda del amor y el apoyo de los otros —en especial de los amigos más íntimos y de la primera pareja—, haciéndonos asimismo más vulnerables.

Kaczmarek y Backlund (1991)[5] citan algunas técnicas que pueden ayudar a superar la pérdida del amor, en especial en los adolescentes, cuando este hecho puede traer consecuencias más devastadoras, identificándose incluso como uno de los factores de suicidio en esta etapa:

1. Ayudarles a contemplar sus sentimientos intensos como algo normal, como algo que se espera. Que sientan que se les da permiso para sentir y para tener dolor. No esperar que lo oculten o que aparenten no padecerlo.
2. Animarles a que expresen sus sentimientos y pensamientos.
3. Informarles acerca del proceso del dolor. De sus fases.
4. Animarles asimismo a que se apoyen en una red de amigos y familiares. Los amigos que también han perdido un amor pueden ser empáticos y de gran ayuda.
5. Darles permiso para bajar la marcha de sus estudios y permitir que comience el proceso de salud.
6. Fomentar el equilibrio entre la necesidad de relaciones y la necesidad de estar solo.
7. Animarles a que cuiden de sí mismos físicamente a través del descanso, de la dieta y del ejercicio.

---

5. Kaczmarek, M.G. and Backlund, V.A. (1991): «Disenfranchised Grief: The Loss of an Adolescent Romantic Relationsship», *Adolescence*, 26, págs. 253-259.

8. Sugerirles que dejen atrás sus recuerdos. Hacer esto indica que abandonan parte de la fantasía que habían reunido.

9. Ayudarles a verse a sí mismos como supervivientes, comprendiendo que el dolor se hará menos intenso con el paso del tiempo.

10. Ayudarles a comprender que habrá días altos y días bajos, y saber anticipar la tristeza ocasionalmente.

11. Sugerir que pospongan decisiones importantes y eviten cambios significativos en sus vidas, ya que los momentos de dolor no son los más idóneos.

12. Animarles a que encuentren nuevas formas de disfrutar el tiempo de ocio y la nueva libertad. Proponer formas para hacerlo, como empezar con un hobby, hacer nuevos amigos, o implicarse en algún trabajo o actividad adicional. Esto puede ayudar a reconstruir la confianza y la autoestima.

Durante la tercera edad, la pérdida del cónyuge coincide con la propia merma de la autonomía personal, la salud y las redes de amigos por jubilación o fallecimiento. Cuando una persona va a morir, tanto ella como sus allegados entran en una situación de *shock* que suele pasar por cuatro fases:

1.º *Rechazo:* en un primer momento el ser humano lucha por no creer lo que le está sucediendo. Se visitan médicos, curanderos, negamos que nos hayan abandonado cuando nos preguntan en los casos de separación, e intentamos asirnos a cualquier esperanza posible antes de perderla.

2.º *Autocompasión:* se trata de una fase que no es ajena a los sentimientos de ira. La persona se pregunta por qué a él y no a otro, se siente elegido por el destino para la desgracia, se compara con familiares, conocidos y amigos, y llega a rondarle en la cabeza cierta predestinación para el infortunio.

3.º *Rebelión:* es un momento en el que la persona intenta frenar el avance de la muerte si es él el enfermo. Lucha contra lo inevitable; la mente y el cuerpo se concentran en una posición de combate, que ni en el caso de que la salud nos haya abandonado, ni en el de la pérdida del amor de la pareja, servirá de mucho, pero sí para adoptar una actitud más positiva que mitigue algo más el sufrimiento que las anteriores.

4.º *Aceptación:* cuando todas las esperanzas se han perdido, el enfermo o sus familiares se someten al porvenir sin resistencia. Se intentan poner los asuntos pendientes en orden y se hace balance del pasado. No es la más traumática, sino que es característica por una mayor serenidad y resignación que en las anteriores.

En esta última etapa, en el caso de los enfermos terminales el creyente se refugia en Dios, el que no lo es en la razón, y ambos en la esperanza (en los seres queridos, en el fin del dolor, en una nueva vida). De algún modo se encuentra el sentido a la situación.

Estas fases que se cumplen en la mayoría de las personas cuando sufren este tipo de traumas no son siempre sucesivas o ineludibles, pueden vivirse de formas particulares y en distinto orden. También se reproducen con mayor o menor intensidad cuando acontece una separación o pérdida de un ser querido y que en caso de divorcio incluye al cónyuge, pero en ocasiones también a los hijos.

Este tipo de situaciones llegan a ocasionar un estrés tan importante como la muerte física del cónyuge, al que se unen además sentimientos simultáneos de odio, engaño, vestigios del antiguo amor, deseos de revancha... incluso cuando se trata de separaciones amistosas. El trabajo de los abogados que pujarán por los derechos de su cliente se vive como una verdadera traición, y la pérdida del ser querido y en ocasiones de los hijos produce una gran soledad. Nuestro estado emocional, sin embargo, no es el más propicio para salir al encuentro de los otros, y es por eso que la decepción y el sufrimiento deben acallarse para dar la mejor cara a las nuevas personas que lleguen a nuestra vida, enmendando antiguos errores en nuestra forma de relacionarnos, si es que los hubo. No obstante, no conviene posponer ese momento para empezar a relacionarse, a ser posible con todas esas personas que por encontrarse en una situación similar, pueden ayudarnos.

En otros tiempos, sobre todo en el caso de las mujeres, enviudar o separarse suponía además la pérdida de buena parte de los amigos y una merma de la posición social. De ahí la importancia de tener un proyecto de vida y unos amigos propios, y no renunciar a ellos por maravillosa que pueda parecernos una nueva situación. Hoy en día, viudos/as, separados y divorciados, solteros/as, son una población cada vez más numerosa y que tienen en la sociedad un espacio propio, tanto o más relevante. Esto es debido a su mayor disponibilidad para acometer proyectos sociales, participar en la vida pública o dedicarse por entero a cualquier actividad, como el voluntariado, pero también el turismo, el arte o las humanidades, por citar algunas.

Las personas que sufren, en concreto cuando han perdido a un ser querido, suelen ser en sí mismas una expresión del aislamiento y la soledad, y es que podemos obtener el apoyo, las condolencias de los otros, pero el sufrimiento es un plato que se digiere a solas y por ello nos aproxima sin quererlo a la vacuidad de la soledad existencial.

La soledad del que pierde al ser querido es de dos direcciones: la del dolor que sufrimos por quedarnos sin amor, y la que nosotros mismos creamos, cuando como en una noche nos refugiamos en la soledad creyendo aliviar mejor la pena. El problema reside en que cuanto más nos aislamos, más difícil será enfrentarnos a esa «amenaza», que llega a representar el trato con los demás. En sentido inverso conviene hacer un esfuerzo por relacionarse, por escuchar a los otros, sus sufrimientos y soledades, pero también por compartir sus ilusiones, para que de este modo la mente abandone los pensamientos recurrentes y la autocompasión.

El sufrimiento es disfuncional para la sociedad moderna, consumista y hedónica. La víctima o el deprimido es excluido del «mercado», entendido como celebración del optimismo (económico, pero también psicológico) que atrae trabajos, compradores y buena suerte.

El sufrimiento tenía un sentido razonable en las sociedades confesionales, como prueba divina y santidad en la humildad de la resignación. Hoy en día, el sufrimiento es vivido como un estigma en el que no se piensa y para el que no se está preparado, más relacionado con el estatus y la habilidad personal para sortear los avatares de la vida que con el hecho de que sea parte de ésta. El sufrimiento en nuestros días es un sin sentido, y este hecho nos genera mayor incomprensión y capacidad para vencerlo. Por ello el sufrimiento se evita, por considerarse como algo nocivo, un desajuste de la personalidad, por lo que se visita al terapeuta o se evade con farmacopea y otros bálsamos. Mientras tanto, a la desdicha en cuestión se une la infelicidad de ser desgraciado y por ello incomprendido.

Este sentido del dolor inserto en el sentido propio de la vida de cada individuo es el consejo del doctor Frankl, como parte de su terapia (logoterapia) que preconiza que «el sufrimiento deja de ser en cierto modo sufrimiento en el momento en el que encuentra un sentido, como puede ser el sacrificio», por ejemplo (2001:158). Éste es el caso que refiere el autor, conocedor de las calamidades de los campos de exterminio nazis, cuando un paciente le transmite su gran pesar al perder a su esposa. Viktor Frankl le pregunta que si ésta le hubiera sobrevivido, el dolor hubiese sido aún mayor; él repuso que sí. El doctor le responde que, tal vez, el verdadero sentido de ese sufrimiento es sencillamente ahorrarle a ella el mismo dolor. Sobrevivir, llorar su ausencia y su muerte a modo de sacrificio.

Ha quedado dicho que después de un divorcio, tal vez no sea el mejor momento para salir al encuentro de nuevas relaciones sentimentales, ya que todo duelo requiere su tiempo. En cambio, el inicio de actividades que llenen de sentido nuestros días y nuestra existencia es un remedio que ha llevado a muchos hombres y mujeres a encontrar, tras una mala jugada del destino, una vocación, un cometido importante para sus vidas, o la primera oportunidad de desarrollar viejos anhelos que quedaron truncados. Tanto los sucesos amargos como las alegrías son los que configuran nuestra biografía única, lo que somos y representamos. Encontrar el sentido a nuestro sufrimiento es, por tanto, el primer paso para empezar a vencerlo.

La historia de Ana

Recuerdo el otoño de 1994, habían intervenido la entidad financiera donde trabajaba y habían despedido a muchos de los compañeros más jóvenes, con mayor formación, incluso en puestos directivos. Era lo más práctico para la supervivencia de la empresa. La carrera de diez años atrás había quedado truncada y las acciones con las que todos nosotros contábamos habían quedado totalmente devaluadas en bolsa. Era otoño, como digo, cuando los ahorros empezaron a escasear, y comenzaba a resultar complicado pagar la hipoteca de mi piso en construcción al tiempo que el alquiler a un casero que no sólo no sabía esperar, sino que además no quería arreglar techos, calefacciones estropeadas, ni fontanería. Sin embargo, era difí-

cil encontrar trabajo en medio de una gran crisis económica.

Con la pérdida del trabajo también comencé a perder amigos no sólo del banco, sino también antiguos compañeros de estudios y de otros ámbitos, ya que al no encontrar ayuda alguna, iba renegando de ellos y acumulando resentimiento. Tampoco podía asistir a demasiados eventos sociales, puesto que sólo el taxi, las cenas, o una simple copa en una cafetería, suponían un gran desembolso para mi economía maltrecha. Para colmo de males, en una visita al médico me enteré de muy malos modos de que en mi cuerpo estaba gestándose una enfermedad de la que no quería saber el nombre. «¿Ha dicho cáncer?», pregunté. «¡Sí, he dicho cáncer!, ¿o es que no tiene oídos?»

Mi autoconfianza había disminuido tanto que no tuve ni palabras para contestar aquel abrupto intolerable. Frente a tanta tristeza opté por intentar cumplir al menos una de las principales ilusiones que había albergado en la vida. Así que, durante las revisiones rutinarias antes de la intervención quirúrgica, me dediqué a corregir las galeradas del que sería mi primer libro. A pesar del esfuerzo, la suerte tampoco acompañaba en este proyecto y una vez entregado el original definitivo me informaron de la dimisión del editor que lo había encargado.

El último sobresalto sobrevino con la llegada de una carta en la que me solicitaban una suma importante como parte de la entrada del nuevo piso, y que de no abonarla, tendría que renunciar a él a pesar de estar pagándolo religiosamente desde hacía tres años atrás. Mientras tanto, las puertas a las que llamaba nunca se abrían.

A falta de algo con lo que entretener el tiempo, me dispuse a redactar los quince folios que se exigían para la participación en un certamen de ensayo sobre arte religioso, y en este caso fue el ordenador el que me falló borrando toda la información hasta tres veces. Tanta era la rabia y la impotencia, que no se me ocurrió más que repetir el artículo otras tantas, a pesar del poco interés que suscitaba el tema para alguien que, como yo, manifestaba una total ausencia de creencias desde las primeras lecturas de filosofía en la más tierna adolescencia. Sin embargo, ese día, en lo alto del puente de Santa María de la Cabeza, mirando cómo los coches pasaban por debajo, miré al cielo y pensé: «¡No puedo más! ¡Si en verdad hubiese algo allá arriba! ¡Si tuviese al menos una señal para seguir adelante, el fin de esta rueda de infortunios!» La persona que venía conmigo me preguntó: «¿Has notado cómo se ha movido el puente?»

Cuando intenté contarle lo que estaba pensando en aquellos mismos momentos, ella repuso: «Sí, estas cosas son más frecuentes de lo que parece. ¡Son casualidades de la vida!» Sin embargo, aquel día todo empezó a ser diferente. De alguna forma se había abierto una esperanza.

Después de la operación le comentaba a esta misma amiga, no sin cierto sarcasmo, lo contenta que me hallaba en la cama, ya que allí no me alcanzarían más desgracias, a no ser que el techo se hundiera en aquel annus horríbilis, pero no eran de esperar tantas casualidades en cadena. Al día siguiente acontecieron las grandes inundaciones del sur de Madrid, y las goteras empezaron a inclinar el tejado, y con él, el techo de la casa. No me preguntéis cómo pude costear las reparaciones, pero lo cierto es que aquella misma tarde la biopsia confirmaba que no existía enfermedad alguna y que tal vez se hubiese tratado de un error médico. A los quince días el teléfono sonó para comunicarme que había ganado el primer y único premio del certamen literario y que una importante suma de dinero obraba en mi poder. Era la primera vez que me hospedaba en un hotel de lujo y que aparecía en los noticiarios de televisión y en los periódicos. Por otra parte, el nuevo editor había decidido publicar aquella primera obra escrita en hospitales, que fue presentada con éxito en la feria del libro de aquel mismo año. Dos días después, al regreso a casa, todavía en aquella misma gris y horrible, encontré en el contestador la concesión de la primera beca de investigación. Sería aburrido seguir enumerando el sinfín de casualidades, cadenas de buena y mala fortuna que han vuelto a sucederse en mi biografía, sólo que ahora cada día estoy más segura de que todo me lleva hacia alguna parte en donde debo estar.

Sobre todo cuando el destino vuelve a enseñarme sus garras, la suerte parece torcerse y me encuentro en la alfombra de mi nueva casa en soledad pensando que todo el mundo me ha abandonado, miro a mi familia, mis amigos y lectores, miro también al cielo, pero sobre todo, recuerdo aquella soledad y aquel dolor punzante de la crisis de 1994 como si se hubiese tratado de una gran oportunidad. Y es que tuvo que darse un importante cúmulo de desgracias para que la vida me colocase en el mismo lugar en el que siempre, desde los once años de edad, había deseado encontrarme. Y a pesar de lo que dijeran algunos periódicos no era cuestión de mérito, cuando yo sólo me había cargado de soberbia y desesperación. Era tan sólo parte del sentido de la vida y el sufrimiento, que había ignorado inmersa en demasiadas luchas cotidianas.

2.5. En la oscuridad del nido: la soledad de la diferencia

Cuando aparece un verdadero genio en el mundo, lo conoceréis por esta señal: veréis que todos los necios están conjurados contra él.

JONATHAN SWIFT (1667-1745)

Muchos seres humanos de todas las edades sufren la segregación de las personas de su entorno con pocas oportunidades para entender lo que les está pasando y consecuentemente para actuar en su defensa. Son situaciones en las que al aislamiento y la soledad se une la separación y a veces el rechazo por parte del grupo. La persona que no comparte las opiniones de la mayoría, los dictados del líder o que incluso los pone en cuestión, que es diferente o sencillamente solitaria, es por principio más vulnerable. El grupo tiende a la conformidad. Esto se encuentra ampliamente comprobado por los teóricos de la psicología social, así como que, la disidencia es un rasgo de personalidad, de libertad, que se paga muy caro, siendo las personas diferentes las más proclives a recibir malos tratos y la agresividad reprimida de sus compañeros hacia el profesor, el jefe o la familia.

El primer ostracismo o acoso moral del que ya hemos hablado es el que se produce en la escuela. Es aquí donde la diferencia comienza a ser una importante limitación para las relaciones sociales, donde se marcan las pautas de la marginación, sin saber bien si es la excepción la que hace la soledad o ésta la que establece las primeras diferencias. Los niños que hablan otro idioma, con retraso en el aprendizaje o superdotados, las personas con distintas creencias, los inmigrantes y recién llegados, las personas obesas, con discapacidad, enfermas de sida, madres solteras, epilépticos, tartamudos, transexuales y homosexuales, o los que se ven o actúan de manera diferente a la mayoría, se convierten con frecuencia en el blanco del escarnio y la exclusión por parte de la sociedad.

Resulta aparentemente paradójico que sean sobre todo, los más sabios, los superdotados, los más íntegros o inteligentes, los primeros en ser aislados en sus grupos, partidos o trabajos, sin que la alquimia de la adaptación sea manipulable para ellos. Cuando comprobamos que los líderes, las personas más apreciadas por el grupo son aquellas con unas cualidades especiales, superiores a los demás, pronto tendremos la certeza de que dichas cualidades no son en gran parte de las ocasiones la sensibilidad, la inteligencia o la veracidad. Sí lo son, por el contrario, la voluntad de poder y de liderar, la fuerza para convencer, detener disidencias y homogeneizar el grupo eliminando diferencias. Tal vez, más que una contradicción, la dificultad estribe no sólo en la propia dinámica grupal, sino además en que cuando tradicionalmente nos hemos referido a la inteligencia, no hemos incluido en esta categoría lo que en tiempos más recientes se conoce como *inteligencia emocional*, entendida como capacidad para la relación de grupo.

Las personas hacemos ostentación de nuestras cualidades con el fin de ser apreciados, pero si éstas no coinciden con las necesidades de los otros, si no incluyen las artes y habilidades para ser uno más, para ser reconocido y admirado, conseguiremos el efecto contrario, además de rechazo, envidia y maledicencia.

Cuántas veces los líderes de la escuela eran los más violentos, madres adolescentes o delincuentes juveniles en potencia que atraían el respeto de todos los estudiantes. O el liderazgo de una asociación o de un grupo político se ha concedido al miembro menos cualificado, que sin embargo ejercía un control máximo sobre los destinos de sus miembros, al más insensible frente a las necesidades de sus compañeros, pero eso sí, respetado. En otras ocasiones ha sido el carisma, la capacidad de expresar a través de su persona los anhelos de cada uno de sus miembros lo que confiere ese poder mágico a los líderes. Una seducción y un respeto que ha conducido a la ciencia política, la sociología y la psicología social, a la realización de infinitos estudios sobre la naturaleza del liderazgo, los líderes y su influencia, desatendiendo las razones y dificultades del otro polo: el de los disidentes, los marginados y solitarios en el grupo.

«Durante las últimas décadas, las victorias de los Derechos del Hombre y nuestra cultura tecnológica nos han hecho creer en la posibilidad de erradicación del sufrimiento.» Cyrulnik, (2002:215). Una organización social que puja por la democracia en todos los ámbitos humanos y los avances médicos y de la psicología, nos hace mantener la ilusión de que el dolor ha quedado desterrado de la existencia humana. Sin embargo, la vida cotidiana nos ofrece una realidad muy distinta, en donde las más duras pruebas no son sólo parte de biografías excepcionales, sino que la exclusión parece ser una de las constantes de todas las sociedades y que durante el siglo entrante se pueden agravar.

En nuestros días, en los que existe una verdadera conciencia colectiva sobre la injusticia que supone permitir que un ser humano profiera sufrimiento a otro en cualquier ámbito, todavía existen muy pocas posibilidades para que padres o personas que, por su forma de ser, se sienten sistemáticamente atropellados por los demás, puedan hacer algo. Puedan defenderse o protegerse. A veces la solución se convierte en un calvario de cambios de cursos o de colegio, silencio y miedo. En el caso de los adultos, los cambios de trabajo, residencia o círculo de amistades, tampoco resuelven un problema para el que sí contamos con algunas explicaciones, y en torno a ellas, con posibles soluciones que podemos articular.

Decimos que una personalidad solitaria, marginada del grupo, en principio puede tratarse de un individuo con un temperamento específico, sin habilidades para la relación, para imponer el respeto hacia su persona y su diferencia. En cambio, no parece tan sencillo concluir cuál es el fenómeno que acontece primero, la marginación frente a la diferencia, o el desempeño de un papel de solitario, de marginado en el grupo cuando somos conscientes de la exclusión y el rechazo.

> *El emperador Don Carlos nació en la ciudad flamenca de Gante el 24 de febrero de 1500. Era hijo del archiduque de Austria Felipe el Hermoso y de Doña Juana la Loca, y resultó un niño solitario, pues recibió escasa atención de sus padres, que en 1503 viajaron a España donde nació su hermano Fernando. Aunque tuvo más hermanos (Felipe y Juan, muertos prematuramente) y varias hermanas (Leonor, Isabel, María y Catalina), no tuvo lo que puede describirse como un ambiente familiar, lo que influyó y tal vez condicionó en su posterior comportamiento. En esos primeros años parece que fue un joven torpe e indolente y extraordinariamente lento en la toma de decisiones. Se cuenta que sus súbditos se mofaban de que siempre tuviese la boca abierta, pues aunque no la tuviera, su belfo, que hacía avanzar su labio inferior, así lo parecía.*

Recuerdo las palabras del profesor Medina, fallecido al poco tiempo de sus magistrales lecciones de sociología. Cuando interveníamos en clase haciendo clasificaciones espontáneas sobre los seres humanos, nos contestaba: «Sí, en efecto, existen tres tipos de personas: los unos, los otros y los que clasifican.» Este comentario que hacía alusión a la insensatez del que se siente superior, pero también a la soledad del investigador social que no se detiene a empatizar, a entrar en la piel del otro para entenderse a sí mismo. Ésta es la soledad del que juzga sin cesar los defectos de los demás y de este modo no da nunca con los a que él mismo le atañen.

Uno de los colectivos que sufre con mayor desgarro el ostracismo social es el de las personas homosexuales, especialmente en las localidades pequeñas. Y junto a ellos, todas las personas que en cualquier momento mantienen conductas sexuales alejadas de la norma mayoritaria: incluso los solterones y célibes son tachados de «raros» en muchas comunidades.

Sin embargo, puede ser que nuestra soledad no tenga que ver con las de ninguna minoría social, puede ser sencillamente la del que, acompañado de muchos, se siente sumido en un ambiente de superficialidad, del que se ve demasiado sensible en un contexto de zafios o del que cree ser demasiado sincero en un círculo de hipócritas. Por sus manifestaciones sabemos que la mayor parte de los poetas y literatos han tenido algo de este tipo de soledad de los sentimientos y las emociones, soledad del espíritu. No obstante, en el mundo de la cotidianeidad deberemos preguntarnos si las personas son realmente así, o todo forma parte de ese ambiente de los respetos sociales. No se pasa a niveles profundos de conversación, como prevención y autodefensa, como norma social, pero ¿está seguro de que en verdad no se producen planteamientos serios en todas estas personas? Siente que no le aceptan como es, ¿acepta usted a todo el mundo? Tal vez siente que no le aceptarían si se manifestase realmente como es, ¿lo ha intentado siempre que esto no suponga abusar de estridencias?

Y es que un buen consejo para no estar solo es aceptar a cada uno según sus propias manifestaciones. Al remilgado, al rudo, incluso al criticón con malos sentimientos: también detrás de estas personas puede encontrarse un alma herida por la soledad y que se refugia en las formas, o en la censura de sus vecinos para no mirar dentro de su alma. Ahora bien, aceptarlos no significa ni ser como ellos, ni tener que criticar a los demás, como tampoco el hecho de no expresar nuestra opinión, sobre todo aquello que consideremos mezquino.

La aceptación de la diferencia y un carácter positivo es una de las mejores herencias que podemos dejar a nuestros hijos. Un niño que no tiene problemas con sus iguales es un niño feliz.

Por otra parte, la diferencia a veces es inevitable, sea o no respetada por los compañeros de juego. Suele decirse que los niños y niñas que han pasado períodos de soledad pueden ser tímidos o introvertidos, pero en cambio, suelen tener una especial sensibilidad, junto con una gran afición por la lectura, el arte o la música. No es por ello de extrañar que la soledad haya sido una de las más fieles compañeras de genios ya mencionados, pero como la exclusión no es un tema baladí, sino que puede interferir en el desarrollo psicológico y físico de los individuos y llegar a producir verdaderos deseos de muerte y suicidio, debemos abordar las situaciones concretas para poder proponer algunas soluciones de estas mismas características.

- Ser consciente y poner nombre y apellido a nuestro problema: aislamiento por... problemas de diferencia en...
- Encontrar un punto de apoyo. Trabajar poco a poco la amistad de una sola persona, sin abrumar, sin que se sienta comprometida, hasta ganarnos su cariño y confianza.
- Ganarse la confianza de un mentor, de una persona con autoridad (un sacerdote, el director, orientador, jefe de equipo, etc.) que nos proteja frente a las embestidas del grupo y que pueda hacer de mediador para que se establezca el diálogo y terminen las agresiones.
- Manejar los códigos del grupo como uno más: forma de vestir, hablar, pensar, sin hacer ostentación de nuestras diferencias. Si conseguimos una medalla lo ocultaremos excepto a los ojos de quien interese, si tenemos acontecimientos extraordinarios en nuestra vida privada, también.
- Buscar la comunicación y el apoyo de grupos de autoayuda en nuestra localidad o en localidades próximas. ¿Cómo? Con información, servicios sociales, páginas telefónicas, Internet... todos ellos son instrumentos que nos pondrán al día de las asociaciones de padres y alumnos con problemas de aprendizaje y superdotación, asociaciones de gays y lesbianas, de escritores y artistas, enfermedades específicas (epilepsia, diabetes, pánico social, tímidos, autistas, tartamudos, etc.), enfermos crónicos, pacientes con enfermedades minoritarias, mujeres maltratadas, ancianos sin apoyo familiar... Estos y otros muchos

se encuentran ya organizados y poniendo todos los medios para que el sufrimiento y la soledad sea un problema del pasado para las personas que asisten a ellas.

- Si nuestro problema no tiene una asociación de amparo, o ésta no se encuentra en nuestra localidad, siempre podremos emprender la aventura de crearla, entrando en contacto con las asociaciones afines de otras zonas o países, o creando una red de solidaridad a través del correo (electrónico o convencional) e informándonos de los pasos a seguir en las instituciones competentes.

Al igual que en el cuento popular, en el inconsciente colectivo todo patito feo, toda oruga que ha debido arrastrar su cuerpo por los suelos de la insidia humana, llegará a su momento de crisálida, se convertirá en un espigado cisne o en una bella mariposa. Pero este tránsito, al igual que en estos animales, se encuentra de alguna forma programado dentro de las personas solitarias:

1. El sufrimiento, el dolor moral ha desarrollado algunas características especiales que hacen que sean más resistentes al fracaso y a la frustración, más pertinaces cuando encuentran el camino.
2. Son más agradecidos con los afectos y los apoyos humanos y suelen encontrar mayor apoyo por su mezcla de humildad y atrevimiento.
3. La soledad les ha hecho reflexivos y son capaces de planificar con audacia las estrategias más acertadas para encontrar una situación mejor en sus vidas.

Cuando la ridiculización y los hostigamientos han sido durante la infancia, o bien durante un tiempo continuado sin permitir nuestro desarrollo como personas, sus efectos son los de un trauma que debemos superar y que muchos seres humanos han conseguido vencer, en ocasiones con ayuda especializada, pero las más de las veces con los mecanismos propios de la sabiduría que confiere la reflexión y el sufrimiento.

Boris Cyrulnik (2002:31), en su obra *Los patitos feos*, defiende cómo una infancia infeliz no determina la vida debido a los mecanismos psicológicos de autoprotección que amortiguan el choque del trauma, primeramente mediante los lazos afectivos, y más adelante, mediante el apoyo de terceras personas, para la expresión de las emociones y el alejamiento emocional. Para esta última meta, el autor enuncia varias formas de resolver la representación del pasado para que el trauma desaparezca de nuestras vidas:

1. *La negación:* «No creáis que he sufrido».
2. *El aislamiento:* «Me acuerdo de un acontecimiento que se encuentra despojado de su afectividad».
3. *La huida hacia delante:* «Vigilo constantemente para impedir que se repita mi angustia».
4. *La intelectualización:* «Cuanto más intento comprender, más domino la emoción insoportable».
5. Y sobre todo, *la creatividad:* «Experimento la indecible gracia de la recompensa de la obra de arte».

Todas estas estrategias son capaces de alejar la angustia de haber sido víctima, sobre todo cuando pasamos a formar parte activa de nuestra transformación personal por medio de la propia acción social contra la injusticia, el sufrimiento y la soledad de otros.

3

Enfermar de soledad

3.1. Falsos amigos contra la soledad

> *Todo nuestro mal proviene de no poder estar solos.*
>
> JEAN DE LA BRUYÈRE (1645-1696)

3.1.1. Alcohol, drogas, dulces y otros bálsamos

Como han demostrado diversos estudios, los adolescentes se inician en el alcohol como parte integral del querer jugar al papel de adultos, como rito de iniciación en la comunidad adulta. Pero no son menos importantes las razones que apuntan a la causas como la presión del grupo de iguales y su imitación por miedo a quedarse solos, la necesidad de identificación, la sociabilidad y amistad (Halebsky, 1987, Johnson 1986, y Rice, 1999).

No cabe duda que, tanto en los orígenes del consumo como a lo largo de la vida, el alcohol es a menudo una respuesta a los problemas de soledad. Su consumo disminuye la timidez, las inhibiciones sociales y la ansiedad (Mijuskovic, 1988), tan propias de la juventud, y en de determinadas ocasiones de la vida adulta, como en los actos públicos, los contratiempos, la pérdida de un ser querido, etc.

No es de extrañar, por tanto, que el alcohol sea una solución cuando fracasan las habilidades sociales y se instala el temor a la hora de salir en busca de nuestros semejantes, entablar nuevas relaciones o cuando nos resulta importante agradar a los demás. Tampoco lo es que muchas sociedades hayan construido sus espacios de ocio y convivencia social en torno al consumo de bebidas y alimentos: bares, restaurantes, convites, cócteles, salas de fiestas...

El problema surge cuando una pérdida de amigos, de las personas a la que amamos o del trabajo —cuando la soledad resulta insidiosa en general—, el alcohol, los dulces y otras sustancias puedan erigirse en un acompañamiento demasiado asiduo.

La figura de la persona que bebe «por mal de amores» es tan propia de la literatura, el cine, las canciones populares, como de la vida cotidiana. El alcohol alivia el encogimiento que se instala en el estómago o el gaznate cuando estamos muy tristes pero no queremos llorar. Poco se reconoce pero mucho tiene que ver la soledad también con los problemas de alimentación. Muchas personas pareciera que encontraran en el chocolate toda la dulzura que su pareja o la vida les ha negado.

Por todo ello, es preferible llorar todo lo necesario, hablar, objetivar nuestra situación, desahogarse, hacer deporte, bailar, tomar una ducha muy fría o caliente para encontrar la relajación que buscamos; todo aquello que pueda mejorar el cuadro del entristecimiento o de una depresión, antes que utilizar sustancias que a largo plazo harán más difícil superarla, bien por que nos tornan obesos, bien porque son sólo fuente de inestabilidad emocional. Los motivos no son pocos ni superficiales.

La pérdida de amigos, o la soledad, es en ocasiones el factor que acelera la aparición de un alcoholismo incipiente, o de la dependencia a esta u otras sustancias que de otro modo no hubiera aparecido. Sin querer tener una posición demasiado estricta frente a lo que de relajación y bienestar pueda tener sentarnos a charlar, sincerarnos y tomarnos una copa con los amigos, debemos coincidir en que el alcohol es un mal amigo en los momentos amargos porque es durante éstos cuando no es conveniente tomar decisiones importantes, medidas drásticas o arriesgarnos a comportamientos peligrosos que puedan complicar nuestros problemas: con riesgos para la seguridad vial y laboral, nuestra propia imagen o para las relaciones con los demás, y que a la postre sólo mejorará el malestar del día siguiente.

El alcohol y otras sustancias se encuentran entre una de las principales causas de las conductas peligrosas y el ímpetu que, por ejemplo, caracteriza a los comportamientos suicidas.

Tomar las riendas de una realidad supone tener todos los sentidos alerta, conocer con la menor distorsión posible la situación y ser capaces de llevar a la acción, más que impulsos, decisiones acertadas.

El alcohol nos torna egocéntricos, demasiado directos, déspotas, violentos y mal educados; todo lo contrario de lo que requeriría una interacción social idónea para encontrar amigos, estar bien acompañado o encontrar el suficiente consuelo tras un fracaso. La desmesura propia de la desinhibición que proporciona la bebida es el mejor camino para permanecer solo, sin alivio y con menores posibilidades de recuperar el amor o la amistad perdida, y que no hará más que confirmar sus sospechas sobre la inconveniencia de nuestra amistad. La gente se aleja de todos aquellos de los que sospechan que tienen problemas con el alcohol u otras sustancias. Por un lado, nadie aprecia la amistad de alguien que no sabe controlarse a sí mismo, y del que anticipa que le traerá un cúmulo de problemas; pero sobre todo, nadie quiere ver cómo otros se destruyen sin poder hacer nada.

Si el inicio en el alcohol u otras drogas es de carácter social, y en la interacción social es donde comienza y encuentra sentido su consumo, su abuso se convierte en un factor importante de aislamiento. El bebedor compulsivo es de los que se siente solo rodeado de mucha gente. En primer lugar, muchas de las personas circundantes serán compañeros de diversión, que difícilmente se implicarán en la solución de ninguno de sus problemas, en especial el que ya tiene con el alcohol. En segundo lugar, quien bebe con exceso es ridiculizado, se convierte en objeto de mofa, y esto también resulta divertido y sirve como ejemplo para los demás, a los que no inspirará el suficiente respeto como para que le cuenten el verdadero argumento de su distancia.

Si queremos el respeto que se nos niega, debemos empezar respetándonos nosotros mismos. Dice el refrán popular «no es más hombre el que no fracasa, sino el que se recupera antes de un fracaso». Hombres y mujeres reaccionamos de diferente modo frente a la soledad o los contratiempos, sólo conviene conocer que entre hundirse o, por el contrario, encontrar en la adversidad más fuerzas para luchar, existe sólo el paso de una a otra decisión personal.

3.1.2. Cargarse de trabajo, buscar el prestigio y la fama

El trabajo, al igual que sustancias como el alcohol, nos aporta la ilusión de apartar la soledad y otros sentimientos dolorosos, al tiempo que las conquistas laborales alivian, al modo de un calmante, la autoestima dolida y el resentimiento.

Cuando para evitar los sentimientos de soledad nos cargamos de trabajo, en realidad lo que se produce es un esfuerzo por huir de realidades que resultan desbordantes o que provocan un gran vacío. La pérdida o la incomunicación de la pareja, la falta de alicientes, la extrema responsabilidad que sentimos hacia los hijos, o el hecho de no poder asumir un estilo de vida como el que nos hubiese gustado, son algunas de las razones más comunes en lo que ya hemos descrito como adicción al trabajo. También la huida de los vínculos de intimidad y de los sentimientos de vacío que pueden hacer peligrar la vida familiar, y con ella todo lo que hemos conseguido, se siente como necesidad, máxime cuando éstos afloran con mayor insistencia durante el tiempo libre.

Para otras personas es la ausencia de habilidades personales para relacionarse, o de alternativas de ocio a las que poder acceder fácilmente, las que les hacen percibir el tiempo libre como un gran enemigo.

Cuando el arte para procurarse los amigos que deseamos nos falla, es muy común esperar que la fama o el prestigio nos aproxime, al menos, a ese reconocimiento que injustamente se nos está negando. Es por ello muy común que personas que han sido marginadas durante su etapa de estudiantes sean con los años algunos de los que mayor éxito social alcanzan en sus respectivas comunidades. Para estas personas tímidas, superdotadas, infravaloradas, diferentes al fin de al cabo, el resentimiento en ocasiones es el motor que mueve con mayor ahínco el timón hacia las grandes metas. No faltan los ejemplos entre los que podría citar ministros, comunicadores, artistas de éxito; pero también, presidentes de gobierno, directores de cine, incluso más de un dictador advenedizo de su timidez y minusvalías.

Y es que si «hacer de la necesidad virtud» es uno de los mejores consejos que jamás pudiera habernos dado el saber popular, nuestros cálculos pueden salir errados y sobre todo ser completamente inútiles si la desafección o el resarcimiento son las que mueven nuestras acciones. En primer lugar porque es más razonable que nosotros tengamos algo que cambiar cuando son todos los demás los que parecen equivocados. En segundo lugar, porque sería absurdo pensar que la respuesta más efectiva contra la brutalidad sea la venganza.

El revanchismo, los sentimientos de venganza, son inútiles e inoperantes; nos inundan de sentimientos negativos y no garantizan mayores ventajas que un futuro con más problemas. Si nos han ofendido, mejor que la opción del «pataleo» contamos con la opción del éxito. Es el éxito la mejor venganza. El éxito supone imponernos a nuestros impulsos para, siendo dueños de nuestros actos, actuar como mejor conviene a nuestros objetivos vitales. El éxito es fruto de la audacia, del aprendizaje en la adversidad, de la esperanza y la paciencia. El verdadero éxito debe construirse sobre y para la felicidad, y no sobre el reconocimiento que no siempre acontece a la consecución de las grandes metas.

En la sociedad de la información, la fama y el reconocimiento parecen acaparadas por las figuras que alcanzan mayores cotas de aparición en los medios audiovisuales. Y es fácil comprobar que su atención sea infinitamente mayor para la amante de un artista o para una modelo que para cualquier premio Nobel, en atención al gran público al que se dirigen. Nunca la fama estuvo tan lejos del éxito personal o profesional.

Todo esto conviene ser tenido en cuenta para concluir que el prestigio y la fama pueden aparecer como resultado del éxito social, pero en ningún caso garantizan éste, como tampoco la felicidad. Tener éxito social implica saber relacionarse y obtener los mayores conquistas en las relaciones con los demás, lo que no determina, aunque sí ayuda a la consecución del éxito profesional. El éxito profesional sin éxito social es el caso de políticos y estrellas que apenas son soportados por sus propios compañeros de trabajo, y que una vez perdido el puesto desaparecen del recuerdo como por arte de magia.

3.1.3. Amistades peligrosas

Conocer las verdaderas raíces de nuestra soledad puede ayudarnos tanto a encontrar el buen camino para resolver situaciones dolosas, como el hecho de conocer los diferentes comportamientos de riesgo a los que ésta nos avoca. Por ello hemos hablado de las distintas situaciones, algunas de ellas perjudiciales para la salud física y moral, pero sobre todo para nuestro bienestar como personas con todo el derecho a ser felices. El objetivo no es seguir denostando esta realidad, ya sea como emoción, ya como situación objetiva por la que atraviesa todo ser humano. Por el contrario, se aspira a desmitificar y conocer todos los matices que la convierten en un tema tabú. En un problema del que nadie habla en primera persona.

Tanto es así, que pocos pueden escapar de la tentación de dejarse acompañar por personas poco recomendables, antes que reconocerse solos y solas. Cuántas veces cualquier amigo o grupo de amigos nos han parecido mejor alternativa que reconocer que nadie nos ha elegido, que no somos capaces de rodearnos de compañía. Las malas compañías son un fenómeno más propio de la juventud y la adolescencia, en la que son otros los que juzgan sobre nuestra capacidad de elección (que tal vez no es tal), pero que es un peligro del que no estamos exentos a lo largo de toda nuestra vida.

A veces, por enjuiciar la amistad con parámetros materiales (lo que damos y recibimos) o demasiado superficiales (la vestimenta, los estudios o el nivel socioeconómico), no llegamos a conocer la verdadera situación de peligro que los demás pueden advertir y nosotros no ver en ciertas circunstancias. Las compañías peligrosas se concretan en riesgos para la salud (adicciones, conducción peligrosa, etc.) o para nuestra integridad (delincuencia, falta de honestidad, malas intenciones, etc.), en donde la «reputación» es sólo un aspecto más en el que toda comunidad habrá de deparar. Muchas personas abiertas, optimistas y dispuestas a abrir su círculo a las personas diferentes que no se limitan a su entorno cultural, pueden ser víctimas de este tipo de prejuicios por parte de sus vecinos y familiares, y pueden vivirlo como una forma de rebeldía ante la coacción que supone que no nos permitan o tengan que opinar sobre la capacidad de elección.

No ser clasista, racista, sexista, en resumen hallarse libre de complejos y prejuicios para abordar la amistad de nuestros semejantes de forma abierta y enriquecedora, en esa visión posmoderna y cosmopolita de amor por la mezcla, no tiene nada que ver con la insensatez a la hora de decidir quién merece nuestra amistad. Sin embargo, cierto grado de la misma, sobre todo en la juventud, puede llevarnos a no protegernos lo suficiente de las malas compañías. La osadía que se introduce en nuestras vidas como desobediencia al poder paterno, y más adelante al poder de la norma y el prejuicio, puede llevarnos a situaciones no deseadas.

Es parte de la madurez entender que no todo el mundo actúa siempre de buena fe, aunque sea como resultado de sus propias circunstancias. Es también parte de este proceso entender que cada persona merece un grado de confianza y confidencialidad que debemos manejar con tiento para protegernos y protegerlos a ellos. Hemos aprendido con la edad que no siempre conviene decirlo todo, ni ser del todo sinceros hasta el punto de rayar la crueldad o la descortesía. Todo este cúmulo de obviedades pretende ser una reflexión sobre hasta qué punto conviene no ser ingenuo y alejar de nuestro lado personas que puedan resultar perjudiciales o meternos en líos, y cómo es un desatino y una estupidez ser parte de esa otra parte de la humanidad que margina, aísla, mancilla y renuncia al enriquecimiento personal que supone la convivencia entre diferentes y al coraje de no dejarse manejar por la mayoría.

3.1.4. Conquista compulsiva

Sabemos que la soledad nos permite reflexionar, encontrarnos con nosotros mismos, conocer cuáles son nuestras metas y ser algo más que el resultado de las relaciones con los otros. Aprender a estar solos es un reflejo de madurez, condición imprescindible para que se produzca el pensamiento, y sin ella no hubiese sido posible el avance de la sociedad y la mayor parte de sus grandes obras (literarias, musicales, intelectuales, artísticas, científicas, proyectos de toda índole); y es que a pesar de su mala prensa, la soledad en sí no es tan perversa, como los resultados que parecen desprenderse del hecho de que nos aíslen o nos dejen solos.

Incluso en el caso de los niños pequeños a los que se les ha negado prácticamente todo contacto social estimulante, existe una capacidad innata para la adaptación, el aprendizaje y la supervivencia.

Otra historia es la de aquellos que cuando son abandonados caen en alguna de las trampas de los falsos amigos de la soledad que ya hemos citado, y cuyos mecanismos debemos conocer en profundidad para no ser atrapados entre sus redes y, como principal objetivo, para conocer mejor la lógica que asiste a las situaciones de soledad en su conjunto, reflejo de nuestra propia sociedad. Por ejemplo, en el problema de la adicción al sexo, y en un sentido más concreto, al flirteo compulsivo.

Uno de los problemas que más evidencian una dudosa salud psicológica y moral de nuestras sociedades es el desorbitante aumento de la prostitución, de la violencia sexual y de fenómenos, como la parafilia y el turismo sexual, que representan la faz extrema de una cultura del consumo sin barreras. Sin embargo, el abordaje de estos síntomas desde el punto de vista ético y criminal, no nos exime de una perspectiva más amplia que nos permita comprender, por qué unas sociedades, en principio más libres, quedan subyugadas bajo el poder de las dependencias más sórdidas.

Desde la liberación sexual de los años sesenta, la prostitución y la pornografía ha pasado a ser conceptualizada como un servicio más a una necesidad propia de personas inhibidas, solitarias, sin capacidad para relacionarse y conseguir parejas sexuales sin pagar por ello. Esto nos lleva a preguntarnos a muchos padres qué tipo de comunidades estamos legando a nuestros hijos, cuando la iniciación sexual de los adolescentes parece que vuelve a los burdeles, las páginas de pornografía son las más visitadas de Internet, o las vacaciones tienen que pasar por el consumo compulsivo de bebidas, comidas y sexo. Es decir, una vida al servicio de la concupiscencia más absoluta, que más allá de ser un canto al consumo, se aproxima más a la muerte que a la verdadera vida.

No resulta sencillo saber hasta dónde llega la relación entre los nuevos estilos de ocio de carácter pasivo (videojuegos, televisor, ordenadores), con la falta de habilidades para la relación con sus iguales, y con problemas que hoy afectan a las instituciones y a las familias, como el alcoholismo juvenil o el incremento de la prostitución.

De lo que no cabe duda es de que la falta de capacidad para la relación, las personalidades solitarias y la soledad, sobre todo masculina, son asociadas, con frecuencia de forma injustificada al uso y abuso de servicios sexuales. Lo que no es tan conocido es la relación entre una mala aceptación de una ruptura, del desamor o de una nueva situación de soledad, con el abuso de la sexualidad.

Hemos apuntado que la sexualidad es fusión «tanto en actividad con el otro como por vía autoerótica», «es el mecanismo lógico para mitigar la angustia existencial que la soledad provoca» (Wamba, 1997:29). De ahí que la adicción sexual se produzca como resultado de «una estrategia de adaptación mal escogida que busca proporcionar una satisfacción momentánea para el vacío que la persona siente dentro de sí», hasta llegar a encontrarse fuera del control del individuo. Esta posibilidad de control es la que marca la diferencia entre los contactos frecuentes y la adicción, aunque éstos puedan tener el mismo origen.

De nuevo tenemos que coincidir en este tema con otros de los falsos amigos de la soledad, en que puede buscarse por esta razón, y terminar por convertirse en fuente de sentimientos de culpa, vergüenza y mayor soledad.

El impulso sexual se encuentra conectado con manifestaciones profundas de la personalidad, lo que le convierte en un medio para compensar carencias o conflictos de los que la persona no llega a ser consciente: inseguridad, dominio, necesidad de atención, soledad... Un ejemplo de estas dificultades puede ser la falta de confianza en los demás, el miedo a la intimidad, una baja autoestima o percepción de sí mismo, sentirse poco querido, atractivo o deseado. En especial cuando hemos sido abandonados todas estas emociones se conjugan, a lo que se une la pérdida del sentido que habíamos dado a nuestra vida en ese momento, es entonces cuando se produce lo que el doctor Frankl denomina «sustitución de la voluntad de sentido de la vida por la voluntad de placer» (2001:151), razón por la cual, una frustración existencial puede manifestarse en forma de compensación sexual, y observar que la libido sexual se vuelve agresiva.

Este tipo de adicción puede manifestarse a través de determinadas señales que lo diferencian del ejercicio libre y satisfactorio de la sexualidad humana:

- Estrés psicológico producido por intensos y urgentes impulsos sexuales.
- Necesidad de mantener un continuo comportamiento sexual a pesar de no sentir deseo.
- Necesidad de llegar más lejos acrecentando estímulos y recursos incluso de carácter ilícito, frente al alejamiento del umbral del placer, hasta llegar a no alcanzarlo con nada.
- Falta de interés en actividades sociales, profesionales o de ocio.

La historia de J. D.

Aunque J.D. son iniciales falsas, corresponden a un caso real tomado de la revista electrónica Salud, y su historia comienza en la adolescencia, donde empiezan casi todas las que relatan los hombres y las mujeres que como él viven «enganchados» al sexo. J.D. ha vivido desde entonces hasta sus treinta y ocho años ocultándose a sí mismo, y a los demás, sus dificultades para reprimir sus deseos sexuales. «Todo sobrevino por una ruptura afectiva y empecé a mantener relaciones con muchas mujeres como medio para evadirme del dolor. Había días que podía tener varios encuentros o mantener durante una semana doce relaciones distintas. La necesidad de seducir y conquistar se convirtió en una obsesión», confiesa en una entrevista telefónica este sexoadicto que actualmente está tratándose en un Instituto de Sexología. J.D. no calmaba su apetito con la masturbación frecuente o con las revistas y con los vídeos pornográficos vistos a escondidas, como muchos otros adictos al sexo, pero sí —como otros tantos— saltaba de cama en cama con el fin de obtener unos pocos segundos de placer físico, y alivio mental, que acababan siempre por convertirse en horas y días de dolor, vergüenza y arrepentimiento. J.D. sufre, como cerca del 6 por ciento de la población, un comportamiento sexual compulsivo. Al menos, éstas son las estadísticas que barajan los especialistas involucrados en su estudio y tratamiento. Pero pueden ser más. Según un estudio publicado en el American Journal of Psychiatry, «las cifras están infravaloradas porque esta conducta se vive en secreto debido a que causa pudor, es vergonzante y clandestina». Y todos, ellos y ellas, como todos los que tienen alguna dependencia, han caído en su adicción sin darse apenas cuenta y sufren y se autodestruyen un poco más cada vez que se ven incapaces de decir no. «Muchas de mis relaciones estables se rompían porque se enteraban de mi doble vida y yo sufría por mi pareja y por mí. Mi obsesión afectó a mi vida laboral y a la personal. Además, faltaba a mis valores con mis mentiras y engaños. Por todo ello decidí ir a la consulta.» Aunque J.D. reconoce que sus múltiples relaciones sexuales también le producían satisfacción: «La vanidad se eleva con cada conquista y, además, tienes muchas experiencias», afirma que esta vez está dispuesto a reconducir su vida sexual. «He sufrido recaídas, pero creo que estos seis meses de terapia van a ser los definitivos.»

La adicción al sexo trata de un trastorno de la conducta que comienza a ser reconocido como uno de los mayores problemas sociales. De características y consecuencias muy parecidas a otras adicciones tan extendidas como las drogas, el alcoholismo o la ludopatía, cuenta con unidades para la rehabilitación de estos pacientes como el Instituto Espill de Psicología, Sexología y Medicina de Valencia, o el Counseling Afiliates Sexual Addiction Treatment Program en Houston (Texas), entre otros. Descrito por primera vez en 1986 como psicopatía sexual por el psiquiatra alemán Kraff-Ebbing, no es hasta 1970 cuando de la mano de un solo hombre, Patrick Carnes, se desarrollan las pautas necesarias para su identificación y su tratamiento.

Como se ha visto en el caso de J. D., el origen de este tipo de dependencia puede partir en ocasiones del temor o la falta de capacidad para mantener relaciones íntimas normales; de un fracaso y el consiguiente temor a la intimidad y la apertura emocional que favorece el atractivo mutuo. Evitando de este modo el riesgo de que nos infrinjan un gran daño. Sin embargo, una intimidad madura aumenta la seguridad y la autoaceptación, mientras que disminuye el miedo y la vulnerabilidad. Es la sensación satisfactoria que hallamos al encontrar una pareja idónea y que nos llena de felicidad.

Al igual que en los casos anteriores de la alimentación, el alcohol o el trabajo compulsivo, la visita a un especialista puede ahorrarnos muchos problemas cuando llegamos a comprender que en nuestros actos existe una actitud de evitación que puede conducirnos a problemas psicológicos más profundos.

En la mayor parte de las ocasiones, las acciones motivadas por una pérdida o por el miedo a la soledad no pasan de pequeñas mentiras que nos contamos a nosotros mismos y a los demás, cuando al hablar del amor estamos pensando en compañía. Pero cuando por el contrario, nuestra soledad parte de una actitud deliberada de evitación, y la conducta sexual de la sustitución compulsiva del amor, la amistad y las relaciones maduras, habrá que plantearse si ésta va en aumento, si nos proporciona bienestar o todo lo contrario, y si no sería mejor rectificar con ayuda y nuevas miras.

3.1.5. Música, televisión, teléfono y «soñar despiertos»

La música y la televisión son dos grandes antídotos cuando el silencio nos molesta, cuando queremos descansar pero no estar solos del todo con esa soledad que nos deja con los pensamientos y las preocupaciones. La música, además, cuenta con la principal virtud de ser capaz de alegrarnos en las horas bajas, de relajarnos y hacernos recordar. Ambas puede servir de sustituto a las relaciones interpersonales, pero si caemos en la tentación melancólica de recrearnos en canciones nostálgicas o llenas de recuerdos, canciones melancólicas sobre separaciones, pérdidas de seres queridos, los sentimientos de soledad y aislamiento aumentarán y se convertirá en un falso amigo. Algo parecido ocurre cuando la información que permitimos que acceda a nuestros oídos son las habituales y terribles de los noticiarios o programas de sucesos. Si vivimos solos nuestro ánimo puede languidecer hasta llegar a afectarnos a la salud.

La sustitución paulatina del tiempo para la convivencia, las tradiciones y la participación, por ocio audiovisual y las celebraciones colectivas a través del televisor (encuentros deportivos, certámenes musicales, incluso las propias fiestas populares como San Fermín) en la soledad de los hogares se produce en toda la sociedad con una doble lectura. Por una parte, la posibilidad de ser partícipe de la realidad colectiva sin movernos de nuestra propia casa, de ser parte y sentirse más arraigado a la vida comunitaria desde las anónimas ciudades, a través de los espectáculos deportivos, musicales (como Eurovisión) y sobre todo las noticias. De la otra, el consumo audiovisual, si bien nos ayuda a relacionarnos, a tener de que hablar cuando salimos de casa, sustituye y juega en contra de la disponibilidad horaria para hacer amigos y establecer relaciones de solidaridad más reales. Esta ausencia de interacción cotidiana con los demás provoca a su vez inseguridad y falta de habilidades para establecer relaciones de amistad o cualquier otra naturaleza, conduciendo a un aislamiento mayor todavía.

«Soñar despierto» es un entretenimiento característico de la adolescencia, gracias al cual los jóvenes pueden pensar acerca de sí mismos sobre su posición en el mundo y además puede servir al propósito de examinar la conducta alternativa y las soluciones a los problemas por medio de la imaginación. «¿Qué podría pasar si me atrevo a llamarle por teléfono?» La mente vislumbra las diversas posibilidades que nos situarán en una posición más favorable para aceptar el fracaso y para enfrentarnos a la realidad. Ahora bien, también «soñar despierto» puede convertirse en una costumbre a la que tiene fácil acceso el solitario/a de todas las edades y que puede erigirse en un verdadero sustituto de la compañía, y lo que es más preocupante, de la acción.

Soñando despiertos muchas personas se encuentran acompañados de los pensamientos sobre otras, sobre situaciones pasadas o de la presencia de la persona deseada, sin pasar a la acción para conocerla mejor, para darse a conocer y establecer una relación o desestimarla.

Es algo parecido a lo que ocurre con las relaciones a través de las nuevas tecnologías, de alguna forma se reniega de la posibilidad de entablar relaciones presenciales, es decir, auténticas relaciones que nos exigen esfuerzo, compromiso, tiempo y entrega. Se renuncia en cierta forma a la relación madura, se espera toda la compañía de esos amigos que se encuentran al otro lado del teléfono o del correo electrónico, sin dar opción a que diferencias de criterio, costumbres o incomodidades propias de la convivencia frustren nuestra «amistad».

Dichas relaciones, además, se rentabilizan e incluso mercantilizan cada vez en mayor medida por ejemplo con teléfonos móviles. No sabemos hasta qué punto se nos quiere por nosotros mismos o por la necesidad, la utilidad o el interés. Incluso la sustitución del amigo a través de un teléfono con la proliferación de las líneas 900 (consultorios, médiums, horóscopos, etc.) nos habla de la necesidad de amistad, de hacerse escuchar que tiene nuestros coetáneos, pero también de la falta de tiempo y predisposición, y de otras muchas personas que se lucran con la soledad y la desesperación.

Ante todos estos estímulos tan poco halagüeños, el ciudadano tiene pocas posibilidades para escapar y «enriquecerse» con buenas ideas, relaciones satisfactorias y estímulos favorables para el ánimo. Antes que dejarse dominar por la melancolía y el absurdo fluir de malas noticias que no recogen de las distintas regiones más que datos de defunciones, enfermedades y accidentes, tenemos algunas —no muchas, pero sí algunas— alternativas que podemos emplear a modo de «higiene mental».

Consejos para que el ánimo no decaiga:

1. Arreglarse hasta encontrar la mejor de nuestras caras y el aspecto que nos hace sentirnos más seguros.

2. Salir a la calle con la idea de fijarnos sólo en las cosas positivas y de reaccionar con actitudes que no quebranten nuestro ánimo. Incluso frente las ofensas, es más efectivo contestar con humor que con el silencio del resentimiento o con una escalada de agresiones.

3. No dejar que se apodere de nosotros la inactividad o el aburrimiento, planificar en qué queremos emplear el día y cuál es el objetivo final al que nuestros días nos llevan.

4. Escuchar sólo los titulares de las noticias; si ninguna interesa y son todas desagradables, cambiar de canal. Para estar bien informados es mejor comprar los periódicos; editoriales, artículos y columnistas nos ofrecerán más información sobre la vida cotidiana de nuestra comunidad y con matices de ánimo más variados que el puro sensacionalismo catastrofista: humor, ironía, admiración, etc.

5. Sonreír al levantarse, salir a la calle sonriendo, saludar sin esperar a que nos saluden y también con una sonrisa, nos ahorrará tener que dar explicaciones o recordar nuestros problemas a la pregunta retórica de «¿Qué tal?».

6. Controlar los pensamientos negativos, si traemos recuerdos de momentos trágicos o dolorosos las mismas emociones volverán y agitarán nuestra vida. Por eso debemos ganar dominio sobre nuestro pensamiento si queremos ser felices, hacer de él un «filtro», un «colador» por el que no pasan los pensamientos irracionales o destructivos.

7. Buscar el lado positivo de las nuevas situaciones.

8. Cuando se debe hacer algo que no se desea, conviene comenzar poco a poco por la parte más fácil y premiar el logro.

9. Si algo nos angustia conviene contarlo, desahogarnos con nuestros familiares y amigos. La comunicación es salud, pero tampoco conviene diluirnos dando explicaciones a extraños; además la sospecha de dar más información de la necesaria nos puede hacer sentir peor.

10. No anima demasiado cuando por hablar transferimos nuestros problemas a los allegados, y nosotros nos sentiremos mal por la pesadumbre infringida a los seres queridos con el relato. Por ello, cuando contemos nuestros problemas buscaremos, siempre que sea posible, el lado divertido. Nosotros nos desahogaremos y ellos no se preocuparán por nuestro estado.

3.2. Soledad en el trabajo (el *moobing*)

> *En las sociedades de nuestro mundo occidental altamente indus-*
> *trializado, el lugar de trabajo constituye el último campo de bata-*
> *lla en el que una persona puede matar a otra sin ningún riesgo de*
> *llegar a ser procesado ante un tribunal.*
>
> HEINZ LEYMANN

El aislamiento y el acoso moral *(moobing)* en el trabajo es un fenómeno cuyo interés como campo de estudio es bastante reciente, producto de las nuevas condiciones laborales, pero también de las grandes dificultades para determinar su existencia y los procesos mediante los cuales se articula. Consiste en aislar socialmente en el trabajo a la víctima por parte de una o más personas, que pueden ser compañeros, superiores jerárquicos o, incluso, subordinados. De este modo, como consecuencia del psicoterror laboral, se destruyen las habilidades de empleabilidad, la autoestima y la resistencia de las personas que lo padecen.

Se estima que al menos el 6 por ciento de la población sufre este tipo de acoso en el trabajo (otros estudios como los de Iñaki Piñuel, de la Universidad de Alcalá de Henares, lo cifran para el caso español en el 11,4 por ciento), que ocasiona unos efectos tan nefastos como el estrés y puede llevar al acosado al padecimiento de enfermedades psicosomáticas, a la depresión y hasta el suicidio (del 10 al 15 por ciento de los casos en Suecia se estima tienen este origen).

Por la importancia de este problema no deben confundirse los conflictos en el trabajo con el acoso moral, aunque un conflicto no resuelto puede desembocar en *moobing*; diferenciándose este último porque la víctima se encuentra en inferioridad de condiciones (por su número, estatus social, categoría, fortaleza de carácter). El *moobing* persigue que la persona salga, de forma voluntaria o siendo despedida de la empresa, y para ello se recurre a todo tipo de artimañas, como la calumnia, el aislamiento, maledicencia, rechazo de la comunicación, ataques a sus ideas, violencia verbal, física o sexual. Ante esta situación la víctima se siente inmovilizada, no entiende nada, cree que la culpa es suya y que tal vez el problema reside en que ella no es o no sabe estar como los demás. En contrapartida nadie le hace ningún reproche, ni le comenta sobre la raíz del problema, que suele ser inexistente o insignificante, aunque se le fiscaliza y controla sus movimientos más que a los demás, esperando encontrar motivaciones para un acoso que no tiene otro origen que la crueldad, la envidia o el deseo de divertirse a costa de otras personas. El acosado cada vez más inseguro, desconfiado, deprimido, cometerá fallos y salidas de tono que darán la razón a los que, sintiéndose fuertes en el grupo, estarán esperando la ocasión para desacreditarle.

Esta situación de estrés moral va afectando al rendimiento en el trabajo y a la salud mental de la persona afectada, que si no es capaz de hacer frente puede sufrir graves trastornos derivados del hostigamiento y la soledad, hasta conseguir que deje el trabajo. Además, este estado de ánimo afecta a sus relaciones con el cónyuge, la familia, los amigos, llegando a enemistarle con ellos e incrementando su soledad.

Suele considerarse que el perfil del «acosado moral» en el trabajo es el de personas confiadas, abiertas, comunicativas, benévolas, simpáticas, pendientes por complacer a los demás, que dicen lo que piensan, amantes del trabajo bien hecho, buenos organizadores que creen que todo el mundo es bueno y no se protegen. Por el contrario, gozan de algunos defectos comunes como son el hecho de tener una baja asertividad, utilizar contestaciones largas, ser dubitativos, necesitar sentirse valorados, tender a sentirse culpables. Asimismo, son ingenuos, deferentes, mansos, percibidos sin autoconfianza y anteponen las necesidades de los demás a las suyas propias.

Evitar la aparición del acoso moral en el trabajo no es un problema de fácil solución, aunque las últimas investigaciones sobre esta cuestión tan acuciante sí nos proporcionan algunas pistas certeras sobre sus orígenes y las posibles soluciones que podemos emprender.

En primer lugar, es importante detectar el problema cuanto antes, poner nombre a una serie de hostigamientos, que aunque sean de baja intensidad por su carácter insidioso y reiterativo, nos sumergen en un malestar que afecta a nuestra propia capacidad de reacción. Frente a interrupciones reiteradas cuando estamos hablando, silencios cuando hacemos acto de presencia, evitaciones y murmuraciones, debemos empezar a actuar sin compadecernos ni esperar que la situación mejore por sí sola, ya que si no hacemos nada no lo hará.

Algunos consejos para salir de una situación de acoso moral, una vez identificado el problema, serán:

- Hablar con la familia, amigos íntimos, escuchar sus consejos y si se considera necesario acudir a un psicoterapeuta.
- Realizar algún deporte, afición que nos agrade. Recordar que se está bajo los efectos de un gran estrés y es necesario tratarlo con la mayor seriedad. Son recomendables el ejercicio del yoga, la relajación, etc.
- Ir apuntando en un diario, o en un archivo que puede abrir en su ordenador de trabajo, un documento en el que anotar todos los episodios de acoso, con fechas y horarios. Esto ayudará a desahogarse, a ser consciente de la agresión, para que así ésta sea menos dañina al articular una fórmula de defensa que será de gran utilidad como prueba ante los superiores, el comité de empresa, un abogado o ante un jurado.
- Buscar un «mentor» o intermediario que tenga la suficiente autoridad para detener las insidias e intentar mediar en el conflicto.
- No bajar la guardia y, sin enfados, mantener al enemigo «de frente», no intentar agradar, ni conciliar con quien intenta hacernos daño.
- No mantener largas conversaciones personales.
- Intentar tener personas de confianza, uno o dos amigos fieles que puedan escuchar, evitando que se consiga el aislamiento.
- No caer en arrebatos y en la réplica impetuosa ya que daremos imagen de personas conflictivas, que es lo que persigue el acosador.
- No aceptar alusiones ambiguas sobre nuestra persona o nuestro trabajo, deberemos pedir con diplomacia una explicación a las alusiones poco claras.
- Hablar a solas con el acosador/a, hacerle ver lo serio e impropio que es este tipo de actuaciones, pero que a pesar de todo quiere llegar a un acuerdo.
- Potenciar el tiempo libre o las actividades laborales; si es posible elegir aquellas que más refuercen su autoestima.
- Si la situación perdura podemos intentar, si es de nuestro interés, cambiar de departamento o sede.
- Si consideramos que el intento de forzar el despido parte de la propia dirección y que los compañeros sólo hacen méritos «bailando al son de la autoridad» es aconsejable intentar tener una conversación con los responsables para llegar a un acuerdo que nos convenga, o bien, recurrir al comité de empresa.

Aunque algunos manuales aconsejan no cejar en el empeño y que el despido representa un fracaso para la víctima, la resistencia puede suponer en ocasiones un desgaste innecesario para ésta. Si tenemos en cuenta que el perfil de la víctima de acoso es el de un o una profesional brillante, debemos intentar estudiar todas las posibilidades para que esta situación que ahora nos desborda pueda ser parte de nuestro aprendizaje, y una motivación para la superación profesional. En otras palabras, en estos casos conviene optar por las «huidas hacia delante».

La historia de Adolfo

No se pude entrar con fortuna en un trabajo cuando descubres que el que será tu jefe ha sido rival en un empleo anterior. En una situación así todos los consejos son pocos. Si adoptamos una actitud de sumisión, comienzan a sucederse gritos y hostigamientos. Si por el contrario se intenta hablar, responder oportunamente, llegan los malos informes, las acusaciones falsas, los comentarios inoportunos en los momentos más oportunos para terminar con nuestra carrera. Pero eso no es todo lo malo. Si acceder a un grupo previamente formado siempre fue difícil, cuando los compañeros además de percibirnos como novatos saben que el jefe no nos quiere bien y que ganan puntos mofándose del recién llegado, es todavía mucho peor.

Para salir de una situación tan complicada pensé que sería la mejor opción intentar hacer un buen amigo, alguna de las personas que entraron al mismo tiempo que yo en la empresa y que además de una reconocida cualificación, pudiesen ayudarme a hacer frente común ante los desairados jefes y el bloque infranqueable de compañeros. Este caso era el de Sergio, y para ganarme su amistad no reparé en atenciones y favores, los mismos que había procurado antes con los demás compañeros y que tan mal resultado me habían dado. Sin embargo, con Sergio todo iba muy bien porque yo le ponía al día de toda la información con la que contaba, y él se refugiaba en mi compañía cuando también comprobaba la hostilidad del resto de jefes y compañeros. Tanto fue así, que cuando tuvimos que presentar uno de nuestros mejores proyectos a un importante certamen sectorial, él utilizó su única rúbrica para acreditar nuestra autoría. Cuando le hice saber mi opinión sobre cuán injusto era obviar mi participación en un proyecto que yo mismo había ideado, sólo repuso que el dato era intrascendente y que de ganar el concurso ya se sabría. De este modo no rectificó lo que a todas luces era un plagio.

Ante la vergüenza que le suscitaba que se conociese un detalle tan feo en una persona que no hacía más que presumir de integridad y rectitud en su trabajo, comenzó a unirse a los comentarios negativos sobre mi persona que rodaban por aquella oficina casi a diario. Algunos los hacía con la intención de que llegasen hasta mis oídos, pero mi perplejidad ante tales insolencias no me permitía contestar a tiempo; era más doloroso reconocer públicamente la burla que aguantarlas en silencio. Fueron meses de rechazo y ridiculización de cualquier propuesta que yo hiciese en las reuniones de trabajo, aislamiento a la hora de comer, tomar un café, retención de información para hacerme parecer inútil, interrupciones constantes del turno de palabra y muchas espaldas cada vez que intentaba integrarme en los corrillos de todos los cócteles de la empresa. Finalmente, cargado de una gran ansiedad, intervine durante un largo rato en una reunión en la que se encontraba el presidente, que rápidamente argumentó: «De todos los que habéis hablado, el único que ha dicho algo sensato es Adolfo.»

Cesaron las hostilidades durante algunos días, mi jefe no hacía otra cosa que darme las máximas facilidades para coger vacaciones, puentes y largos fines de semana, y con tal de no verme demasiado por allí se deshacía en atenciones y elogios. Me constaba que no me eran comunicados convenientemente los cambios de horarios, ni algunas reuniones importantes, pero tampoco quería romper aquella «luna de miel» de entendimiento y buenas palabras, que ponía una tregua a tanto sufrimiento. Antes de tomar mis vacaciones, mi jefe me comunicó que a pesar de ser favorables las evaluaciones de calidad respecto a mi trabajo, mi contrato quedaría, por órdenes de nuestros superiores, reducido a menos de una décima parte en dedicación y sueldo, lo que lo hacía tan rentable como dejar el coche en el garaje y no salir de casa. La causa: ciertos comentarios que supuestamente yo había realizado a un cliente que nunca se supo quién era.

En estas situaciones, será una posibilidad nada desdeñable emplear para nuestros propios fines el tiempo que en ocasiones se nos ofrece: porque los compañeros no nos llaman para comer, tomar una copa o trabajar en equipo, o porque los superiores no nos dan el suficiente trabajo para que no podamos mostrar nuestra competencia, o se nos conceden trabajos rutinarios que requieren un esfuerzo mental insignificante, para de este modo tener argumentos para «saldar» nuestro puesto de trabajo. Pero también, en otras ocasiones, la forma de justificar nuestra ineficacia será cargándonos de tareas para que nos mostremos incapaces e irascibles.

En el primer caso, este excedente de horario y de energías podemos utilizarlo para formarnos, preparar currículos y entrevistas, oposiciones, etc. Cuando estemos próximos a comenzar en nuestro próximo trabajo, podemos hablar con los responsables, que ya tendrán alguna noticia sobre el conflicto, sobre la solución de nuestra salida de la empresa sin mencionar el nuevo, para negociar el contenido de nuestros informes laborales y gratificación por despido y para que éstos sean lo menos lesivos para nuestros intereses.

Intentaremos no personalizar, culparnos de lo que está ocurriendo, máxime si se produce el despido. El problema no somos nosotros con nuestros nombres y apellidos, con nuestras emociones y biografía; el problema puede estar relacionado con factores económicos, ganar más que nuestros compañeros por menos tiempo de trabajo, por ejemplo, o psicológicos, como la envidia, que tendremos que manejar en nuestro favor.

Si las personas que desean destruirnos centran sus esfuerzos en eliminar nuestras habilidades y condiciones de empleabilidad (eficacia, rigor, puntualidad, asistencia, paciencia, credibilidad, prestancia, etc.), la estrategia puede centrarse en potenciar dichas habilidades por medio de formación y otras actividades que refuercen nuestra autoestima, al tiempo que nuestro currículo.

Así podremos en breve alcanzar una categoría y remuneración superior dentro de la empresa, a ser posible en otro departamento, en otra empresa, o bien en el sector público.

Diez consejos para no sufrir acoso moral en el trabajo:

- Vaya al trabajo pensando en trabajar y hacerlo bien, no en hacer amigos, caer bien o impresionar.
- No presuma, ni hable más de lo necesario sobre su vida privada, sus creencias o ideología, que le pueden llevar a la categorización, el eti-

quetado, y dar oportunidades de ataque innecesarias, así como a hacer mayores las distancias con sus compañeros.

- No intente gustar a todos de golpe y desde el primer día. Sobre todo cuando se accede a grupos que ya están formados o a un nuevo trabajo, esto puede provocar el efecto contrario. Conviene ganarse la confianza poco a poco, con humildad y prudencia, pero también con la afirmación serena de los propios derechos. El buen humor puede ser un gran aliado en estas ocasiones.
- Fíjese en la forma de estar y comportarse de los demás. Intente profundizar en las semejanzas y evitar todo lo que puedan significar mayores diferencias: tener más estudios, vestir de forma más formal o por el contrario desalineada, estar soltero cuando los demás están casados, etc.
- Intente no hacer ningún feo ni afrenta a compañeros y superiores, que nadie tenga razones para guardarle rencor, envidia, sentir temor hacia lo que usted sabe de ellos, o resentimiento. Por ejemplo, nadie tiene por qué conocer su sueldo o las condiciones de su contrato de trabajo.
- Evite la oportunidad de que jefes o compañeros/as se tomen demasiadas confianzas.

3.3. El miedo a los demás

El amor no tiene cura, pero es la única medicina para todos los males.

LEONARD COHEN (1934)

Hemos hablado de la timidez como una modalidad de ansiedad social que se encuentra relacionada con el carácter y que no implica mayores dificultades para la adaptación social.

Existe, sin embargo, un tipo de ansiedad social que por su severidad llega a condicionar la vida de las personas que la padecen, empobreciendo su entorno, sumiéndoles en una gran infelicidad y en la soledad más absoluta, sin que en muchos de los casos estas personas lleguen a comprender qué es lo que les está pasando. Se trata de la fobia social.

Ya sea por factores hereditarios o educacionales, existen personas que poseen una gran emotividad y que afecta a su estabilidad física y psíquica a la hora de enfrentarse al encuentro y trato con los demás, manifestando respuestas fisiológicas como palpitaciones, sudoración, dilatación de pupilas, etc., como si de situaciones estresantes y de gran peligro se tratasen.

Todos en mayor o menor medida nos encontramos alerta y expectantes cuando nos presentan a una persona, cuando hablamos con un desconocido (por ejemplo, en nuestras compras), cuando entramos en el despacho del jefe o cuando debemos hablar en público. Esa tensión mínima y hasta necesaria que prepara nuestra mente para la actuación, puede llegar a ser para algunas personas incluso inaguantable por la ansiedad que les produce, y cuyo mayor problema estriba en saber a partir de qué momento deben tomar medidas especiales y consultar al médico o al terapeuta.

Por ejemplo, cuando los estudiantes preguntan sobre las técnicas a utilizar para conseguir sacar mayor rendimiento a los exámenes orales, se les recomienda un libro sobre el tema. Sin embargo, cuando algunos de ellos no consiguen articular palabra frente a los tribunales, se les olvidan íntegramente las lecciones que días atrás recitaban y truncan su futuro por ello, es aconsejable tomar parte activa en el problema y buscar soluciones de forma profesional.

La cura, si se trata de una timidez severa, pánico escénico, evitación o pánico social, es decir, una ansiedad social que afecta a nuestro bienestar, conviene que se apoye en la visita al psicoterapeuta, que podrá utilizar el tratamiento más adecuado para cada caso particular y que ocasionalmente puede recetar algún fármaco. Tanto para ésta, como para otros miedos sociales, existen tratamientos específicos con medicamentos (los betabloqueantes y psicotrópicos como los tranquilizantes o antidepresivos dependiendo de la patología concreta) y diversas terapias psicológicas, en donde lo recomendable es hacer uso de los primeros bajo prescripción facultativa, al tiempo que se emplean alguna de las segundas.

Las psicoterapias más utilizadas (cognitivas y conductuales) son aquellas que se basan en la creencia en que este tipo de problema se debe al aprendizaje y permanencia de unos comportamientos y modos de pensar poco funcionales, y que por ello su curación reside en el reaprendizaje para interpretar nuestras relaciones con los otros, pensar y actuar.

Por ello no es de extrañar que las técnicas que se manifiestan más eficaces para vencer distintos tipos y grados de ansiedad social son las denominadas de exposición, que son bastante parecidas a las recomendadas en publicaciones anteriores[6] para el tratamiento del fracaso escolar. Las técnicas de exposición pretenden que el individuo afronte de forma paulatina y frecuente aquello que le causa temor, pero es conveniente que este proceso se realice siguiendo algunas pautas que eviten el fracaso y por tanto, incrementar el grado de ansiedad en las futuras exposiciones.

1.º El problema, al igual que si de una asignatura se tratase, no debe ser abordado en su totalidad. Debe dividirse en apartados, «lecciones», grados de dificultad, para de este modo poder ir avanzando, «haciendo camino al andar», así como estableciendo una estrategia determinada en cada momento y detectando cuáles son los verdaderos agentes de nuestro malestar. Por ejemplo, cuando estudiamos no conviene pensar «¡buf, tengo que superar el curso!», sino por el contrario, comenzar a planificar cada una de las materias y las estrategias respectivas a desplegar, y comenzar por la parte de un tema.

2.º Debe empezarse de menos a más, intentando superar o visualizar aquellos aspectos que nos generan una menor ansiedad, para a partir de ellos llegar con mejor disposición a los más complicados.

Por ejemplo, para evitar la timidez en una reunión departamental, visualizaremos los días anteriores, preferentemente por la noche cuando estemos más tranquilos, los pasos elementales que realizaremos ese día (desayunar, coger el coche, saludar al portero, etc.). En un segundo término, los que nos generan una ansiedad media (saludar al director o al presidente, intercambiar algunas frases intrascendentes con los compañeros, sentarnos y tomar una postura adecuada). Y finalmente, los que nos crean una mayor dificultad (contestar adecuadamente cuando nos pregunta el presidente, intervenir cuando se produce una objeción sobre nuestro trabajo, exponer una solución acorde con el orden del día, etc.).

Cuando llegue el día indicado nos sentiremos más seguros, sentiremos que estamos repitiendo una escena, y es bien sabido que sobre la repetición el ser humano trabaja más seguro.

---

6. Rubio Gil, A. *Cómo ayudar a nuestros hijos a superar los estudios y elegir carrera*, Editorial Amat, Barcelona, 2002.

3.º Intentaremos que la exposición a las situaciones que nos crean conflicto sea reiterada y de larga duración. Así una persona que sufre de *evitación* o *pánico escénico* (miedo a hablar en público) tiene la posibilidad de ir dominando las soluciones y habilidades que le permiten permanecer charlando o relacionándose con sus amigos sin mayores inhibiciones: hablar sin prisa, contar anécdotas, dejar que otros las cuenten, ir encontrando una mayor serenidad, etc.

Conviene saber que la timidez comienza a edad temprana y tiende a atenuarse con el paso de los años. Pero con otros miedos sociales (como el citado pánico escénico) puede ocurrir todo lo contrario. En cambio, la mayoría de ellos pueden desaparecer en ocasiones tras un éxito profesional, deportivo o afectivo, o intervenciones exitosas que de forma reiterada nos van indicado la inconveniencia de nuestras preocupaciones.

Otros refuerzos consisten en poner los medios para aumentar las posibilidades de obtener este tipo de fuentes curativas, como son el entrenamiento en las habilidades sociales que nos ayuden a superar la timidez, pero también la consecución de «conquistas» que nos permitan adoptar un papel de mayor autoridad, más afirmativo dentro de nuestro entorno. Esto no quiere decir que debamos sucumbir a las personalidades autoritarias bajo las cuales muchos tímidos intentan compensar sus miedos, y que en último término no harán sino incrementar la soledad y alejarnos de ese deseo de ser queridos que se encierra en las personas con este tipo de carácter. En sentido inverso son conocidos los trabajos de tímidos rebeldes y trasgresores, como Bernard Shaw (1856-1950), considerado el autor teatral más significativo en la literatura británica después de Shakespeare, en su papel de crítico irreverente y despiadado con las instituciones.

Entro otros tímidos que consiguieron «hacer de su necesidad virtud» se encuentra Frederic Mompou (1893-1987), compositor español, famoso por sus composiciones de piano y que debido a su extremada timidez tuvo que abandonar la idea de ser pianista y dedicarse a la composición, lo que nos ha permitido gozar de sus refinadas obras musicales. O Lewis Carroll (1832-1898), escritor, matemático y lógico inglés, conocido por su obra *Alicia en el país de las maravillas,* cuya timidez le llevó no sólo a escribir obras de una gran delicadeza y sensibilidad, sino además a redactar miles de cartas, verdaderos ejercicios de fantasía adornados en muchos casos con bocetos. Éstas fueron recopiladas y editadas en 1979 bajo el título de *Cartas de Lewis Carroll.*

3.4. La muerte por soledad y morir sin compañía

No tenemos mayor derecho a
consumir felicidad sin producirla,
que a consumir riqueza sin producirla.

GEORGE BERNARD SHAW (1856-1950)

La muerte en soledad es otra de las nuevas manifestaciones de la sociedad moderna. El menor número de hijos, la emigración o la residencia de éstos lejos de sus padres, la vida urbana y las largas jornadas de trabajo tanto de las mujeres de la familia como de los varones, está llevando a muchos ancianos, no sólo a la muerte en soledad, sino lo que es aún peor, a que sus últimos días de vida tengan que sucederse en un ambiente solitario, con el único apoyo de los servicios sociales, lo que muestra la faz más ingrata de la existencia humana tal y como la concebimos en nuestros días. Por ejemplo, en Madrid ciudad, sólo durante el año 2001 fallecieron en la soledad de sus hogares setenta y dos ancianos, la mayor parte de ellos mujeres.

Sin embargo, ¿es posible morir de soledad? Cuando muere el cónyuge, o las personas con las que compartíamos nuestra vida, la propia soledad degenera en falta de cuidados, pérdida de autonomía y melancolía, afectando al estado general de salud y las propias defensas del organismo. Por todo ello al igual que se presume de algunas aves, al poco tiempo de morir un ser querido puede precipitarse la enfermedad y el fallecimiento del cónyuge, sobre todo en el caso de los ancianos que poseen una salud más frágil.

El psiquiatra Victor E. Frankl, conocedor de los límites de la naturaleza humana, tanto por su profesión como por su extenuante estancia en el campo de concentración de Theresienstadt en Viena, durante la Segunda Guerra Mundial, considera que los seres humanos más aptos para la supervivencia son aquellos que saben que les queda una labor por realizar. Y esto se produce cuando en nuestra vida existe una significación. «No hay nada en el mundo capaz de ayudarnos a sobrevivir, aun en las peores condiciones, como el hecho de saber que la vida tiene un sentido» (2001:147), idea que también defiende Nietzsche cuando afirma: «Quien tiene un porqué para vivir puede soportar cualquier cómo.» Este porqué, en el caso de las personas que conoció el doctor Frankl durante su cautiverio en el campo de concentración, podía ser una persona que les estuviera esperando, una misión en la vida: como el hecho de contar lo que estaban padeciendo para que no volviese a repetirse, o como en su caso, publicar un libro inédito. Ahora bien, todos estos sentidos para la vida se encuentran íntimamente relacionados con los demás, con la fe y el amor hacia los seres queridos o la humanidad.

La pérdida de referentes humanos y sociales, y con ellos del equilibrio psicológico y las ansias de supervivencia, es lo que se produce en los suicidios por aislamiento y soledad que son desencadenadas por el mencionado acoso moral en el trabajo; pero también detrás de no pocos actos de este tipo encontramos una persona hostigada por la soledad.

Del mismo modo, muchos estudios relacionan el suicidio de adolescentes con la frecuente ausencia paterna debido al desempleo (Stack, 1985, cit. Rice 1999), de una figura paterna cálida con la que identificarse y que da lugar a un sentimiento de aislamiento emocional y social. Quienes han intentado suicidarse, a menudo afirman que no sienten que tengan cerca a un adulto. Muchas veces, tienen problemas para comunicarse con las personas significativas que tienen alrededor, o no tienen a nadie con quien hablar cuando lo necesitan. Por el contrario, cuando la integración social es buena, las tasas de suicidio para todos los grupos de edad son más bajas (Rice, 1999: 414).

Otro estudio realizado en un hospital entre un grupo de sesenta y cinco adolescentes de entre siete y diecinueve años que habían intentado quitarse la vida (Rohn, y otros, 1997), han demostrado que estos jóvenes estaban aislados socialmente, y que el 50 por ciento de ellos podrían describirse como «solitarios» (Papalia, 1987:630).

Ambos problemas, el del suicidio de adolescentes en estrecha relación con otras problemáticas, como el fracaso escolar y la inadaptación, junto con la muerte en soledad de los ancianos, suponen una auténtica brecha que cuestiona el orden político y social que nos hemos dado, supuestamente en aras del progreso. Mientras los jóvenes no encuentren las suficientes razones para luchar por su futuro, o los ancianos tras una vida de trabajo y dedicación a la familia y la sociedad no reciban otra cosa que la más gris de las experiencias —la muerte en soledad—, algo estará fallando.

3.5. Soledad y salud psíquica

La soledad ha revelado al hombre su yo,
pero le enseña además que éste
no tiene vida ni crecimiento
si permanece solo.

Octavio Uña Juárez
Comunicación y sociedad (1984:185)

Hemos visto cuán importantes son los perjuicios que para nuestra salud psíquica, pero también física, puede ocasionar el aislamiento social y la soledad. Tanto en lo concerniente a las conductas adictivas tratadas, como a otras que afectan a los trastornos de alimentación (como la obesidad, anorexia o bulimia), por ejemplo, cuando la búsqueda de satisfacción en el chocolate y los dulces, o en una delgadez extrema que nos haga más deseables, más «queribles», pueden empujarnos sin nosotros saberlo a este tipo de situaciones extremas.

Asimismo, parece un hecho constatado que, sobre todo en la tercera edad, las personas que viven solas tienen mayor incidencia de enfermedades cardíacas e infecciosas y que necesitan más tiempo para recuperarse.

Somos seres sociales, nuestro estado físico tiene mucho que ver con los cuidados que los demás nos prodigan, o con el interés que nosotros mismos mostremos en nuestra salud como resultado del interés por la vida que nos despierta el afecto de los otros. Pero además somos seres vivos, para los que un bajo estado de ánimo o la tristeza proveniente de situaciones traumáticas, como vernos abocados de forma repentina a una gran soledad, pueden impactar nuestro sistema inmunitario de forma ostensible.

Por estas mismas razones, cuando fruto de nuestras limitaciones y circunstancias, o cuando sin ninguna razón de peso nuestros iguales nos condenan al ostracismo, nos aíslan, nuestra salud psíquica, pero también física, corre peligro y es por ello necesario, al margen de todas las dimensiones poéticas que evocan este tipo de soledades, exponer y conocer las posibles medidas que podemos tomar para superarlas.

La relación entre soledad y salud mental no es enteramente negativa: «La soledad básica permite la armonía de nuestra vida psíquica, constituye un sentimiento que hace posible mi unicidad como ser humano, y con ella se elabora el psiquismo individual y colectivo» (Wamba, 1997:32). Desde esta perspectiva, la soledad es importante y necesaria para nuestra salud, y una vida equilibrada deberá tenerlo en cuenta. Una vida en permanente interacción con los demás puede ser perjudicial; necesitamos unos momentos para nosotros, con un baño relajante, la escritura de un diario o un paseo solitario para hacer balance.

Tiene una especial relevancia esta interpretación sobre la soledad como pieza fundamental en el equilibrio psíquico, en tanto sustituye la inoperancia de la desazón, la náusea con la que los filósofos existencialistas representaban la angustia por el vacío y la soledad que supone la existencia, en donde Sartre afirma: «El ser es la pura indeterminación y el vacío.» La soledad existencial, esa a la que nadie puede burlar ni escaparse de ella, nos permite identificar nuestra propia subjetividad y previene la despersonalización. Es por tanto necesaria, productiva y parte consustancial de la vida humana, y al contrario de lo que podría pensarse, no empieza sino que termina con la muerte. Estamos solos porque estamos vivos. La soledad es por tanto un elemento para la celebración, con la que podemos deleitarnos como parte de la ceremonia de la vida.

Asimismo, en las explicaciones que pueden verterse sobre la salud mental podemos percibir el implícito sello de la soledad. Así en la depresión, por ejemplo, la sensación de soledad llega a hacerse insoportable y pueden aparecer ideas suicidas. «A la soledad vital se añade toda la soledad del mundo y es lo que condiciona en el paciente un estado de displacer insoportable.» El paciente depresivo interioriza la soledad exterior añadida a su propia soledad, que es lo que le lleva a la inactividad y a ser incapaz de tomar decisiones. Las personas cercanas pueden sentir una gran impotencia frente a estos enfermos, a los que difícilmente podrán ayudar a pesar de prodigarles todo tipo de atenciones y promesas. En el polo opuesto se encuentra el estado de manía, en el que la soledad básica sale hacia fuera en busca de otras vidas y la fantasía de una vida falta de soledad, lo que lleva a la incoherencia, los actos desmedidos, etc.

Desde una perspectiva vital y optimista, el doctor Frankl observa que «la salud mental se basa en un cierto grado de tensión entre lo que ya se ha logrado y lo que todavía no se ha conseguido», una tensión que nos libera de la neurosis colectiva en nuestra sociedad actual, y que afecta de modos particulares a personas de todas las edades, por creer en nada, en que la vida es absurda y carece de sentido. Es por ello que la voluntad de sentido en nuestras vidas garantiza no sólo la salud mental, sino además los procesos de curación.

4

Habilidades sociales y cómo manejarlas

4.1. Amistad verdadera

> *No hay mayor soledad que carecer de amistad sincera.*
>
> Francis Bacon (1909-1992)

La amistad es un tipo de relación afectiva que todos identificamos por la comunicación, la comprensión, el cariño, los lazos mutuos de apoyo.

El psicólogo Carl Rogers considera que una amistad sana tiene que tener cuatro características:

1. *Disposición de apertura:* capacidad para abrirnos, tener confianza y estimar a los demás. Cuanto más sociable y abierta sea una persona, mayores serán sus posibilidades de tener amigos.
2. *Autenticidad:* una relación de amistad verdadera es aquella en la que se expresa con total sinceridad sus opiniones y sentimientos, sin reservas, ni disimulos.
3. *Cordialidad:* tiene que ver con la aceptación y la consideración incondicionales. Un amigo de verdad no pretende utilizar y manipular, ni pretende que los demás hagan lo que quiere.
4. *Empatía:* es una cualidad que hace alusión a la capacidad de comprensión, de ponerse en el lugar del otro y de este modo entender sus sentimientos y conductas.

Estos factores dan lugar a dos sentimientos fundamentales en la relación amistosa, como son la confianza y el cariño.

En contrapartida, no será una verdadera amistad aquella que pretende utilizar la relación para sus fines personales, que no es sincera, ni capaz de mantener un tono adecuado de atención y cordialidad, que no se esfuerza por comprender las razones que asisten al otro y que no se abre, con el interés, el tiempo y la dedicación que una amistad requiere. Si dudamos sobre el carácter de una amistad, estas sencillas características conocidas por todos pueden resultar como un auténtico test que nos saque de dudas, sobre la naturaleza de nuestras relaciones o nuestra propia capacidad para crearlas.

La capacidad para hacer amigos y el contenido que cada uno concede a la amistad, se desarrolla a edad temprana desde que el niño asiste a la escuela infantil y comienza a tener contacto con sus iguales. Al mismo tiempo, serán fundamentales en este proceso de socialización los modelos vividos en el seno de la familia, con respecto a la importancia de la amistad y la valoración de las relaciones humanas, influyendo ambos aspectos —la familia y la escuela— en la calidad de las relaciones que consigamos instaurar a lo largo de la vida.

Aún más, la calidad de las relaciones que se establezcan durante esta etapa influirá en la personalidad. El citado proceso de socialización y el modelado de la personalidad son dos pilares que condicionarán la adaptación del individuo a la sociedad y además la posibilidad de superar la soledad, de contar con la gratificación de su compañía, de enriquecerse con sus conocimientos y experiencia, sentirse querido y apoyado en los avatares de la vida.

Huelga referir los beneficios y satisfacciones que supone «tener un amigo», por mucho que la sociedad moderna puje en contra con su mercantilización del tiempo (el tiempo más que nunca es oro, tiene un precio) y las grandes distancias. Es, sin embargo, una tarea complicada; cuando superadas estas dos limitaciones del espacio y el tiempo necesario, comprobamos que nuestros deseos y necesidad de hacer amigos no se corresponden con la realidad. Es entonces cuando conviene tener en cuenta si se trata de un problema de actitudes (de nuestra predisposición personal), aptitudes (de nuestra capacidad de relación) o bien de oportunidades.

Podremos reflexionar sobre ello, e incluso consultar a personas de confianza, que tal vez podrán hacernos entender con mayor perspectiva dónde residen nuestras principales virtudes y limitaciones a la hora de relacionarnos.

Amistad es reciprocidad, dar y recibir, acceder y hacerse accesible. Cuando alguien no se encuentra disponible y comienza a limitar lo que nos pide y ofrece, entendemos que nuestra amistad se está enfriando. En toda relación de reciprocidad existe una medida idónea, generalmente consentida por las partes. Pero incluso en el caso de ser nuestra habilidad, predisposición y oportunidad escasas, estaremos a tiempo de mejorar nuestra situación en el futuro. Si la amistad es dar y recibir, esa disposición de ofrecimiento y esa capacidad para el entendimiento y la relación pueden ser también aprendidas, como aprendidas e identificadas pueden ser las vías que la sociedad nos brinda para el establecimiento de vínculos personales en términos de oportunidad.

El carisma no puede utilizarse como una careta hipócrita que activamos cuando queremos tener amigos, ya que como se ha visto la amistad siempre se construye de forma recíproca. La persona carismática se encuentra rodeada de amigos en todos los sitios que frecuenta, el trabajo, la comunidad de vecinos, en sus espacios de ocio. Allá donde vaya encontrará nuevos amigos.

Sin embargo, si consideramos que no es éste nuestro caso, aunque nos gustaría que lo fuese, tendremos que atenernos a ciertas normas y atenciones relacionadas con los demás, pero también con nuestras propias emociones, para dejar de «mirarnos el ombligo», lamentándonos o enjuiciando negativamente a los demás y a nuestro entorno.

La verdadera amistad supera las barreras ideológicas, religiosas, incluso culturales, de nacionalidad o de posición social, porque toda verdadera amistad es un canto optimista al ser humano.

La sinceridad es una norma básica de toda amistad, y su ausencia nos permite desenmascarar al falso amigo, hasta en los más mínimos detalles de falta a la verdad pueden manifestarse intereses ocultos, egoístas, incluso envidia y malos sentimientos.

La sinceridad en la relación amistosa se sustenta en la esperanza de buena fe y discreción de las partes, es por ello que una característica con la que habrán de contar las personas que quieran tener amigos es la de saber guardar secretos. La posibilidad de desahogo, de olvidar todas las máscaras y ser uno mismo, es otra función psicológica importante con la que cuenta la amistad, fundada en la discreción y la confianza en que nuestras confidencias no serán transmitidas a terceros. Una persona que no sabe guardar secretos es rápidamente observada con sospecha por aquellos que pudieran ser sus amigos potenciales, y desde luego, no podrá ser un buen amigo.

Otra de las características de la verdadera amistad es que las personas unidas por este vínculo suelen estar cuando más se les necesita: divorcios, enfermedades, fallecimiento de un familiar, siendo un verdadero apoyo tanto desde el punto de vista formal como emocional. Desde esta perspectiva, la amistad cumple también una importante función psicológica.

Recuerdo las palabras que hará ahora veinte años pronunciara el gran psiquiatra español Carlos Castilla del Pino en la Universidad Menéndez Pelayo: «Si cuando las personas sufrimos y tenemos problemas siempre tuviéramos a nuestro lado un buen amigo, los psicoterapeutas no tendríamos apenas trabajo.» En esta misma idea han coincidido posteriormente muchos colegas, y puede verse en el trasfondo de las ideas de muchos sociólogos cuando abordan los problemas de la sociedad contemporánea, reconociendo que en la que el desarraigo y la soledad es uno de los más acuciantes.

Y es que la expresión «quien tiene un amigo tiene un tesoro», se convierte en el momento actual en una verdad aún mayor. Ya no es que todos los estudios sobre el mercado de trabajo demuestren que la mayoría de las colocaciones laborales, en países como España, se realicen a través de amigos y conocidos; sino además, que las posibilidades ya mencionadas en torno al apoyo emocional e infinitas otras en relación al respaldo social (intercambio de información, auxilio, etc.) hacen de la sociabilidad una cualidad imprescindible para sobrevivir en las sociedades modernas.

Un amigo es un tesoro en la soledad de las grandes ciudades, pero también en las comunidades pequeñas en las que en prevención de la maledicencia y la privacidad familiar, la incomunicación, la represión de nuestras opiniones y sentimientos, llega a ser todavía mayor.

4.2. Sociabilidad

Si vas a por miel no des golpes contra la colmena.

Popular

La capacidad para el establecimiento de relaciones amistosas se encuentra íntimamente ligada a la personalidad, aunque no sólo a ésta, sino además con las habilidades características de la sociabilidad.

La sociabilidad es necesaria para poder mantener relaciones humanas y amistosas, pero también tiene sus límites. Si el tiempo nos es necesario para el desarrollo de nuestro trabajo y atención personal, también la energía y las emociones tienen su economía particular que aconseja una administración comedida.

Las emociones que experimentamos dependen del significado que le demos a un acontecimiento que ocurre. Así por ejemplo si una persona hace un comentario negativo, podemos interpretarlo de muy diversas formas: que se refiere a nosotros, que habla de nosotros pero es una broma, que lo hace de forma hipotética, genérica, etc. Según la interpretación que hagamos, experimentaremos una emoción u otra. Las emociones pueden ser a su vez positivas o negativas. Las primeras son aquellas que nos resultan más sanas y saludables como: la alegría, la satisfacción, el amor, la generosidad, la humildad... las diferenciaremos de las negativas, porque experimentarlas demuestra nuestra inteligencia emocional, al tiempo que la mejor manera de cuidar las relaciones con los demás.

Las emociones positivas producen en nuestro organismo un mayor equilibrio, sosiego, armonía, tranquilidad, relajación, aumentando nuestra autoestima y, sobre todo, nuestra salud emocional.

Son emociones o estados de ánimo positivos también el altruismo, la benevolencia, la alegría, la felicidad, el sosiego, la tolerancia, la serenidad, el optimismo, la sinceridad, la empatía, entre otras. Las emociones negativas, por el contrario, conducen a un estado de ánimo depresivo, agresivo incluso, y a una exaltación que puede perjudicar el estado general de salud, produciendo alteraciones gastrointestinales, aumento de la tensión arterial y muscular, y en general contribuir a debilitar el sistema inmunológico. Emociones de este tipo son la ira, los celos, la envidia, el abatimiento, la pena, la tristeza, el desánimo, la depresión, la arrogancia, la indiferencia, la frialdad emocional.

Es natural en el ser humano pasar de uno a otro estado de ánimo, pero el verdadero inconveniente reside en dejarse llevar por las emociones negativas, ser gobernado por sus impulsos dejando que nuestra racionalidad quede fuera de juego. Con este fin, conviene no permitir que estas emociones formen parte de nuestro carácter, lo que además de amargarnos no nos permitiría tener una interacción adecuada con nuestros semejantes, querer y que nos quieran.

Las emociones negativas provocan ansiedad, amargura, insatisfacción personal y rechazo social. Es por ello de interés intentar distintas estrategias para convertir una emoción negativa en positiva, tanto en nosotros como en nuestros hijos o alumnos, si es el caso.

La labor no siempre es fácil, por lo que es aconsejable tener algunas soluciones preparadas. Por ejemplo, cuando sentimos envidia podemos intentar sentir admiración y manifestarla, el enfado podemos suplantarlo con sentido del humor y manifestación calmada de nuestros derechos, la ansiedad por serenidad, y así sucesivamente.

Sin embargo, todas las habilidades sociales que podamos aprender y acometer no serán suficientes si, además de tener una buena capacidad y predisposición para relacionarnos, no somos capaces de preocuparnos de los sentimientos y problemas de los demás; es decir, de comprender y *empatizar* con la gente.

La *empatía* es una cualidad que los antropólogos incluyen entre sus mejores métodos, como forma de comprender y reconstruir las culturas lejanas o más dispares.

Empatizar consiste en ponerse en la situación del otro, en la piel de los demás, y es una actitud imprescindible para hacer y mantener amigos. Dalre Carnegie, maestro en el arte de las relaciones humanas desde mediados del siglo xx, cita en su obra clásica, *Cómo ganar amigos*, estas palabras de Owen D. Young, abogado, financiero y tratadista norteamericano:

«El hombre que se puede poner en el lugar de los demás, que puede comprender el funcionamiento de la mente ajena, no tiene por qué preocuparse por el futuro.»

Pensar según el punto de vista del prójimo supone conocer sus miedos y sus deseos, saber cómo tratarle para tenerle a nuestro favor, cómo conseguir finalmente que hagan lo que nosotros queremos, aunque esto sólo sea ganar su amistad, su respeto y consideración.

También saben mucho de empatía los políticos, cuando amoldan su discurso, programa e incluso vestimenta, a las orientaciones de cada público específico.

Una vez entendida la importancia de hablar a los demás con las palabras que pueden entender y sobre los intereses que a ellos y no a nosotros afectan, debemos añadir que, tan importante como atender a sus necesidades y deseos, será hacerles saber cuáles son las nuestras, procurando asimismo que respeten nuestros sentimientos y preferencias. En este sentido, existen programas muy completos para el desarrollo de habilidades sociales, entre las que la asertividad y la autoestima suelen ser una de las áreas que más conviene trabajar, en especial en el caso de los niños con problemas de aceptación en el colegio.

4.3. Autoestima y asertividad

> *Lo que hemos dejado atrás y lo que nos depara el futuro son cosas diminutas comparadas con lo que tenemos en nuestro interior.*
>
> RALPH WALDO EMERSON (1803-1882)

Los pensamientos típicos de algunas personas solitarias suelen ser negativos sobre todo en torno a sí mismas, resultado de una atención selectiva hacia la información que puede afectarles y en especial aquella que tiene que ver con las relaciones personales. Este mecanismo del pensamiento no hace más que confirmar un concepto de sí mismos que ya era de por sí negativo: no me escuchan, consideran que soy soso o sosa, no tendré qué contar, mi conversación no es entretenida, etc. Ni que decir tiene que estos pensamientos actúan, como ya se ha dicho, como una profecía y en efecto seremos aburridos.

Es por ello que una de las formas de solventar la soledad consiste en proporcionar a este tipo de personas nuevas opiniones sobre determinadas situaciones sociales. Por ejemplo, cuando se es de los que piensan que en una reunión o en una fiesta todo el mundo se fija en su persona y se siente solo o sola fuera de la sintonía del grupo, observe de ahora en adelante a sus compañeros; comprenda que cada uno suele estar preocupado por su propia imagen, en esas reuniones con el jefe, en cualquier encuentro social. Si somos desconfiados, depresivos, emotivos, exagerados, y sobre todo si nos dejamos atormentar por las dudas, nuestra actividad psíquica quedará paralizada, impidiendo que salgan nuestras mejores cualidades.

Si se trata de fiestas y pensamos que nos mirarán como a un «bicho raro» y harán evaluaciones negativas, intentaremos mirar bien y hacer evaluaciones positivas. No debemos olvidar que un recién llegado es siempre un elemento que se enfrenta al grupo por definición. Entonces, demos por hecho que esto sucederá así, pero intentemos dar siempre una buena bienvenida, tengamos seguridad en que seremos aceptados si es eso lo que esperamos recibir.

A veces, cuando las situaciones sociales confirman un bajo concepto sobre nosotros mismos (nadie me escucha, no consideran mis propuestas, no me dan la razón), conviene descargar la situación de todo personalismo y tratar de encontrar las raíces del problema. Por ejemplo, podríamos estar utilizando fórmulas de comunicación inapropiadas: demasiado agresiva, o por el contrario dubitativas, utilizando un lenguaje pedante, denso o vacío. También puede ocurrir que nosotros no seamos conscientes de la imagen que proyectamos, que puede ser insegura, demasiado directa, incluso violenta, o diferente al grupo en sus normas implícitas (elegancia o por el contrario rudeza). Sobre todo conviene tener en cuenta que para ejercer influencia con nuestras palabras debemos partir de creer nosotros mismos en ellas, y que la inseguridad o un bajo autoconcepto se trasparenta en nuestra imagen y nuestras palabras, como en la voz del locutor de radio lo hace la sonrisa o la mirada melancólica que no podemos ver.

La primera regla para ganar confianza en uno mismo es conocerse y aceptarse, no dejarse influir por la opinión de los demás que siempre tiene su luz y sus muchas sombras.

La segunda regla, tener voluntad. Las personas con escasa voluntad es comprensible que sean además las que menor confianza tienen en sí mismas y las que culpan de los fracasos a factores externos a ellos.

La tercera, ser optimista, tener un pensamiento positivo, sobre todo lo que conciernen a uno mismo, pero también sobre los otros. El juicio severo sobre los demás no nos devolverá estima propia.

Ahora podrán pensar que esto son cosas fáciles de decir, pero muy difíciles de llevar a la práctica, en especial cuando nuestra posición en la empresa, en la colectividad o en la familia, es subordinada. Pues bien, volvemos en este como en tantos temas a la espiral creciente, a los «círculos viciosos» tan comunes en sociología. Quiere esto decir que estemos donde estemos, cuanta más confianza tengamos en nosotros mismos, cuanto más nos afirmemos, mayor será el respeto depositado por los demás, y a su vez cuanto mayor sea el respeto y el reconocimiento, mayor será nuestra autoestima. ¿Cómo empezar entonces?

Por el contrario, para romper una espiral decreciente, un «círculo vicioso» que nos perjudica es conveniente romper la tónica a través de una o sucesivas experiencias de éxito. Si no podemos obtenerla en nuestro entorno habitual buscaremos otro más gratificante, por ejemplo en aquellas actividades que consideremos que mejor sabemos hacer, un plato de cocina, una canción, una intervención en la junta de vecinos, cualquier cosa que consiga subirnos el ánimo.

Para obtener una experiencia de éxito, primera o sucesiva, es aconsejable que previamente visualicemos en el relax de nuestra habitación esa situación desde el principio hasta sus últimas consecuencias. En nuestra visualización nosotros logramos la meta y celebramos el éxito. Podemos repetirlo tantas noches como sean precisas antes del evento (hablar con un jefe, aprobar una oposición, vender una propiedad, etc.).

Fragmento del ensayo *Autoconfianza*, de Ralph Waldo Emerson

«Hay un momento en la educación de cada hombre en que éste adquiere la convicción de que la envidia es ignorancia; que la imitación es suicidio; que debe atenerse, para bien o para mal, a lo que le toca; que aunque el inteligente universo esté lleno de bienes, no conseguirá ni un grano del alimenticio maíz sino a fuerza de los sudores con los que riega la tierra que le toca cultivar. La fuerza que en él reside es de una naturaleza nueva, y nadie sino él sabe qué es lo que puede hacer, ni lo sabe siquiera hasta que lo intenta.»

Sin duda las personas que llegan a tener éxito no son las más inteligentes, a veces son las más carismáticas, pero siempre serán las que creen que pueden hacerlo, las que tienen una sana autoestima.

Por tanto, es importante que cultivemos una visión optimista de nosotros mismos, que nos queramos bien, para que también los demás nos respeten y nos quieran. Pensarlo no será suficiente, tenemos que vivirlo y expresarlo. La asertividad es el concepto que comprende la expresión de la autoestima.

La asertividad es la capacidad de afirmar los propios derechos, de asegurar con firmeza y decisión cuánto se dice y se hace, y es contraria a la agresividad y la vacilación. Así, la persona no asertiva muestra poca confianza en sí misma, duda y respeta más a los demás y sus derechos que los suyos propios. Se caracteriza por un volumen de voz bajo, habla poco fluida, bloqueos, tartamudeo, vacilaciones, silencios, muletillas, frecuentes quejas a terceros (no me comprenden, no les gusto, se aprovechan, etc.), huida del contacto ocular, postura tensa y, en general, inseguridad para saber qué hacer y decir. Sus patrones de pensamiento son los de considerar que deben evitar molestias a los demás, que no importa lo que deseen, sino lo que desee el otro, culpabilidad, ansiedad y constante sensación de no ser tenido en cuenta. Su problema es que piensan que es necesario ser querido y apreciado por todo el mundo, y consecuentemente siempre encuentran una fuente de insatisfacción en su relación con los demás.

Estas tensiones pueden degenerar a veces en problemas somáticos, o en repentinos y descontrolados estallidos de agresividad por la acumulación de hostilidades.

Sus relaciones en resumen no son buenas; hacen sentirse a los otros culpables, ya que tendrán la sensación de estar en deuda constante, o por el contrario se sentirán superiores y con capacidad de aprovecharse de su benevolencia.

Las respuestas no asertivas típicas, y que por tanto conviene evitar, son: el bloqueo, la sobreadaptación (actuando en función al interés del otro), ansiedad, agresividad (por ejemplo, elevando la voz).

Por el contrario, la persona asertiva sabe decir «no» o mostrar su postura sin conflictos, explicando sus razones, y expresa comprensión hacia la opinión de los otros; sabe pedir favores y reaccionar ante un ataque de forma comedida, pedir aclaraciones y por último, sabe expresar sus sentimientos (gratitud, admiración, insatisfacción, etc.) de forma positiva.

Para poder ser una persona asertiva deben tenerse claros cuáles son nuestros derechos, pudiendo pecar por exceso o por defecto en la estimación. El extremo del primer caso supone vivir con miedo, apocados y restringidos, permitir que los demás pisen nuestro terreno sin pedir ni permiso para ello. El segundo caso es el de aquellos que consideran que tienen derecho a todo sin pensar un momento en los sentimientos y los derechos de los demás. Ambos tipos de personas tienen serios problemas para hacer y conservar amigos.

Olga Castanyer (1996:48), en su obra sobre la asertividad, propone hasta diecisiete derechos que denomina como asertivos y que toda persona ha de tener en cuenta en múltiples situaciones de la vida cotidiana: por ejemplo, cuando no queremos prestar algo, debemos pedirlo, nos llaman la atención, pretenden dominar nuestra vida o conculcan alguno de nuestros derechos (como cuando nos interrumpen constantemente, hacen afirmaciones ofensivas, etc.).

Por otra parte, la asertividad es un proceso de aprendizaje que dura toda la vida. ¡Cuántas veces no hemos tenido la respuesta o la actuación correcta, y cuántas otras sí! La persona con serios problemas de asertivi-

TABLA DE DERECHOS ASERTIVOS

- A ser tratados con dignidad.
- A tener y expresar los propios sentimientos y opiniones.
- A ser escuchados y tomados en serio.
- A juzgar las propias necesidades, establecer el orden de prioridades y tomar decisiones propias al respecto.
- A decir «no» sin sentir culpa.
- A pedir lo que se quiere, sabiendo que nuestro interlocutor tiene el mismo derecho a decir «no».
- A cambiar.
- A cometer errores.
- A pedir información y ser informado.
- A obtener aquello por lo que se ha pagado.
- A ser independiente.
- A decidir qué hacer con nuestro cuerpo, nuestro tiempo, nuestras propiedades, etc., mientras no se violen los derechos ajenos.
- A tener éxito.
- A gozar y disfrutar.
- Al descanso, a estar solos.
- A superarse, aun superando a los demás.
- A decidir no ser asertivo.

dad, en cambio, sufre un alto nivel de angustia, y puede caer en un círculo neurotizante por el cual se desprecia a sí mismo por no saber imponerse, y no se impone por ese mismo autodesprecio y desconfianza en sus propias fuerza. Debe evitarse la tendencia precisamente a eso, a evitar el enfrentamiento, y buscar siempre el permiso, el refrendo para nuestros derechos y necesidades. En este sentido el mayor acierto es mantener una actitud no tensa, sino por el contrario, activa; una actitud que nos ayude a tener mejores relaciones con los demás y a que éstas sean más satisfactorias.

4.4. El arte de gustar

El destino es el que baraja las cartas,
pero nosotros los que las jugamos.

Arthur Schopenhauer (1788-1860)

4.4.1. Magnetismo personal e influencia social

El arte de las relaciones humanas compete a diversas áreas de interés de la sociología, la psicología y la ciencia política. Es por ello que para simplificar un tema tan interesante como el liderazgo social, el carisma, el arte de gustar o el de hacer amigos, se abordarán una serie de premisas y consejos comunes a todos estos trabajos y que caracterizan a las personas con éxito social, sin entrar en demasiadas disquisiciones teóricas que excederían el objetivo del libro.

Uno de los principales defectos que hasta las personas más inteligentes cometen en su trato con los demás es el de pensar que los seres humanos se comportan con arreglo a su condición lógica y racional. Esto, que si bien puede ser cierto por regla general en relación con sus actuaciones económicas, no lo es tanto cuando de relacionarse con sus congéneres se trata.

Una de las características que cubren de cierta irracionalidad las relaciones se encuentra vinculada al origen de las necesidades y motivaciones que mueven la conducta humana. Los psicólogos que han profundizado en este tema han establecido una jerarquía de prioridades, en donde las motivaciones biológicas y económicas se encuentran en primera instancia, pero tan sólo movilizan hasta cierto punto la acción, es decir, hasta que quedan cubiertas las que denominamos primeras necesidades. Una vez que el ser humano satisface las necesidades biológicas (alimento, cobijo, higiene, descanso) la pertenencia, el reconocimiento y la autorrealización, son las motivaciones con mayor capacidad de movilización y que en apariencia confieren a las relaciones humanas un alto grado de irracionalidad.

Por ejemplo, en el carisma se suele reconocer un alto componente irracional: fascinación desmesurada, proyección de los propios valores en el líder, exaltación de sus virtudes y minusvaloración de sus defectos...; pero éste no es tal a la luz de las funciones de aglutinación y referencia para el grupo, del reconocimiento y la autorrealización que puede entrañar el apoyo al líder en detrimento de la disgregación, la marginación o la independencia.

El ser humano es tremendamente vanidoso, podría vivir más tiempo del reconocimiento y las muestras de adhesión que del alimento, y ello quiere decir que deberemos tener muy en cuenta estos componentes menos racionales en la conducta humana, para manejarnos con astucia en las relaciones sociales. Con esta firme creencia, que no implica ningún pesimismo antropológico, sino tan sólo la idea de que todos necesitamos reconocimiento, querer pero antes que nos quieran, se formulan diez consejos que como toda idea útil encierra sus propia paradoja cuando afirmamos precisamente: ¡No dad consejos!

- Nunca se deben hacer ataques directos. Si siente la necesidad de hacer una crítica, hágalo sobre los hechos, no sobre las personas.
- Nunca debemos criticar. La crítica a las espaldas da argumentos a los que la escuchan para conseguir la amistad del afectado, y siembra la desconfianza de todos frente al que la hace (ya que los próximos pueden ser ellos). Este tipo de ataques personales, de llegar a los oídos del interesado, nunca se perdonan.
- Debemos respetar el amor propio de los demás cuando hagamos elogios o realicemos favores. Si hacemos un favor con soberbia, incluso si a pesar de hacerlo con generosidad el amigo siente envidia o complejo en su posición de «ayudado», estamos perdiendo el favor y el amigo. Por otra parte, no necesitamos estar constantemente ayudando para que nos quieran, deben querernos por nosotros mismos, no por nuestra utilidad.
- No seamos rencorosos, la mejor forma de tener amigos es no perderlos. Cuando alguien te agravia, no ha fallado él, hemos fallado nosotros: 1) por no preverlo, 2) por no saber encajarlo con elegancia, y 3) por recordarlo, ya que tampoco servirá de nada.
- Dejar pasar las cosas. No pasa nada por no tener palabras para contestar un comentario fuera de tono, ya tendremos tiempo para volver a él con diplomacia, dejando en buen lugar nuestro orgullo pero también el del otro. Por otra parte, si aprendemos a contestar de forma amigable y oportuna a las intromisiones dialécticas conseguiremos que éstas sean menores.

- Es necesario interesarse auténticamente por los demás, por sus vidas, progresos, familias. Escuchar con atención sus argumentos y alentarles a hablar sobre sí mismos.
- Hablar de las cosas que le interesan al prójimo y hacer que se sienta importante pero de forma sincera. «La diferencia entre la apreciación y la adulación es muy sencilla. Una es sincera y la otra no. Una procede del corazón, la otra de la boca. Una es altruista, la otra es interesada. Una despierta admiración universal, la otra es universalmente condenada» (Carnegie, 1951:59).
- Recordar que el nombre de una persona es el sonido más dulce y más importante que puede escuchar; debemos aprender, pronunciar bien y a menudo los nombres de todas las personas con las que nos relacionamos.
- Guardar secretos. No conviene ser demasiado explícito con nuestra vida, problemas y proyectos; sólo sirve para levantar hastío, envidias y suspicacias. Las personas que no son «libros abiertos» que mantienen el misterio despiertan mayor interés y fascinación entre los demás.
- No dar consejos. ¡No me atrevería a enumerar ni uno solo de este escueto decálogo sino fuese porque cada uno de estos puntos parte más de mis fracasos que de los aciertos! No es muy apreciada la persona que aconseja y que de este modo inquiere al otro a tomar sus propias directrices subestimando su inteligencia. Si honestamente queremos ayudar, podemos poner algún ejemplo de cómo solucionamos en el pasado entuertos similares a los que nuestros amigos afrontan en el presente, pero sin ponernos de ejemplo, lo que resultaría excesivo y pedante. También podemos utilizar la simple fórmula de preguntar sobre posibles soluciones. Estas dos posibilidades surten mayor efecto que todas las formas imperativas al uso, sobre todo con los hijos, tan reacios a tomar en cuenta las opiniones paternas.

4.4.2. El arte de enamorar

El arte de enamorar tiene que ver con el magnetismo personal y la capacidad de influencia de los individuos, pero también con los rasgos propios de su atractivo sexual y personal que son diferentes para cada sujeto. Podemos admitir que los líderes gozan de carisma y la capacidad de influir a un gran número de personas. Los mitos eróticos son deseados, pero difícilmente pueden propiciar un amor real.

Se han propuesto diversas teorías sobre los mecanismos bajo los que se produce el enamoramiento, pero lo cierto es que varían según las diferentes culturas, y juegan un papel muy distinto en aquellas para las que el amor es un asunto posterior al matrimonio.

En nuestra sociedad en la que el amor y la atracción sexual son muy importantes, pueden formularse y de hecho se han realizado múltiples estudios sobre por qué se enamoran las personas. Todas ellos pivotan en torno a cuatro razones:

1.º *El atractivo físico:* en este sentido se ha demostrado, a pesar de lo que pudiera pensarse en un primer momento, que los varones son más enamoradizos y se desenamoran más lentamente. Por el contrario, valoran más los aspectos físicos y festivos de sus relaciones (Ovejero, 1998, Dion y Dión, 1988, Peplan y Gordon, 1985).

2.º *Disponibilidad:* en el sentido más amplio hace alusión a la proximidad espacial (tenemos más posibilidades de enamorarnos de las personas que viven o trabajan cerca), sociocultural (tenemos mayor acceso a las personas que poseen una mayor similitud en el estatus, la raza, religión, cultura y valores) y la actitud (tenemos más posibilidad de fijarnos en personas que se mueven en espacios y actitudes de búsqueda).

3.º *Deseabilidad:* es éste también un valor sociocultural. En cada sociedad existe una serie de características físicas y sociales muy valoradas en las parejas potenciales (esbeltez, alegría, nivel de ingresos, linaje, color de los ojos o el pelo, etc.)

4.º *Compatibilidad:* hace alusión a los rasgos de la personalidad, los modos de vida, las preferencias. Si tememos el mar y somos alérgicos a la humedad, puede ser improbable que una o un deportista náutico se enamore de nosotros y viceversa. Si somos muy habladores y no nos gusta demasiado escuchar, es difícil que nos enamoremos de una persona que se deleita escuchándose a sí misma. En contrapartida, conviene recordar que una de las principales fuentes para el enamoramiento es la igualdad en los valores, la ideología, las ilusiones...

5.º *El atractivo personal* es un valor ineludible y que no siempre es reconocido por algunos estudios de psicología social. Tiene que ver con lo que hemos denominado magnetismo, o carisma y que ya ha sido analizado, pero también con otros aspectos más objetivables como la «prestancia» y la urbanidad. Por ejemplo, nadie se enamorará del caballero que «rumia» con gran estruendo la comida en el fondo de un buen restaurante, sin abrocharse los botones de una blusa de vivos colores totalmente inapropiada, mientras habla y protesta por la demora del maître. Ni que decir tiene, que si éste fuera una mujer nuestra antipatía sería la misma. Por otra parte, la apariencia, la ropa y los modales son tan definitivos como moldeables. Cada vez existen más profesionales de la moda, la psicología y la comunicación que trabajan estos aspectos personales, pero además, el estilo externo es sobre todas las cosas expresión, manifestación de lo que pensamos y queremos, y por ello nos puede aproximar o alejar de forma decisiva de las personas que deseamos agradar.

Cualquiera de estos factores podemos considerarlos como agentes pasivos del enamoramiento, pero cuando caemos en los brazos de cupido, es del mayor interés conocer además los agentes activos, es decir, cómo conseguimos seducir a la persona que nos gusta. Aspectos como el atractivo físico, la semejanza, la reciprocidad o la complementariedad, son de nuevo factores que no deben obviarse, y que se resumirían diciendo que se enamorarán de nosotros si gustamos, somos similares en aspectos importantes para el interesado/a y tenemos caracteres compatibles. Pero todo ello dependerá además de cómo se resuelva en un primer momento la aproximación, es decir, el cortejo o galanteo, y que se encuentra relacionado con las habilidades heterosociales, es decir, las conductas que ponemos en juego para iniciar una relación personal o sexual con una persona de sexo (rol) opuesto.

Así, en el primer momento de estar en presencia de la persona a la que queremos conquistar, entra en juego la parte de nuestro cerebro encargada del galanteo, que a su vez implica a distintas zonas corporales:

1. *Contacto ocular:* la mirada nos permite entrar en contacto cuando una persona nos mira y nosotros también, siendo el primer paso para entrar en comunicación con personas en situación de cortejo. Es un acercamiento, una forma de incitar. Se trata de una mirada breve e intermitente, la otra persona responde del mismo modo con el fin de emitir una señal de interés y esperar respuesta.

Las personas que no utilizan el contacto visual suelen considerarse más tímidas o menos interesadas y también menos carismáticas.

2. *La sonrisa*: si con la mirada demostramos nuestro interés, con la sonrisa ciframos el grado de emotividad, si alguien nos gusta o no, por tanto es tremendamente efectiva para iniciar una interacción.

3. *Movimientos para hacerse ver:* se conocen como conductas de acicalamiento, y pueden ir desde acariciarse el pelo o fruncir los labios en las mujeres, hasta tocarse la barbilla o anudarse la corbata. Pueden ser más o menos conscientes, pero en conjunto nos embellecen ante la persona que nos mira.

4. *Movimientos de aproximación:* el grado de proximidad física es la medida de la intimidad alcanzada entre las personas, y por ello el grado de nuestro acercamiento a una persona que acabamos de conocer debe ser congruente con el de confianza que queramos dar a la relación. En el cortejo el acercamiento debe ser paulatino, deben irse acortando distancias sin excesos que puedan sentirse como la invasión del espacio personal. Los seres humanos suelen estar gustosos de la proximidad de las personas que quieren o que les atraen. Un movimiento brusco puede precipitar el rechazo, un avance comedido permite que el acercamiento se haga desear.

5. *Adoptar posturas congruentes:* el lenguaje del cuerpo juega un papel importante en esta fase del cortejo. Quiere esto decir que si la persona a la que quiere conocerse se encuentra rígida, con los brazos cruzados y con el ceño fruncido, la actuación lógica será mostrarse relajado, con los brazos estirados, ligeramente abiertos y actitud sonriente, receptiva, orientando el cuerpo hacia la persona en cuestión.

6. *Romper la barrera del tacto:* este sentido es el primer contacto que suele realizarse en el ámbito corporal del otro, implica un grado mayor de confianza. Es arriesgado y puede provocar un rechazo inmediato, o de lo contrario, el roce de una mano o agarrar al brazo ajeno puede suponer abrir la puerta de la intimidad.

Por vanas que puedan parecer estas apreciaciones, un sentimiento tan arrollador y cargado de trascendencia para los occidentales como es el enamoramiento, puede surgir sin darnos cuenta cuando alguien se queda mirándonos, nos sonríe o no nos toca la mano incluso sin quererlo.

Además de los elementos relacionados con el cortejo, puede influir bastante en la simpatía o antipatía inspirada la asociación con otros afectos de la persona, que difícilmente podremos prever (si le recordamos a su madrastra, siente verdadera aversión por el equipo deportivo de nuestra ciudad o es fanático/a de una ideología política contraria a la nuestra). La estrategia, otro factor importante en la tarea de gustar, afectará a estas primeras palabras, pero también la conversación posterior. En realidad, tener carisma implica ser un buen conversador/a: medir las palabras sin miedo a los silencios reflexivos, utilizar frases brillantes y convincentes, ser original, no utilizar obviedades, provocar comedidamente, ser persuasivo/a y mantener el interés.

Además del éxito en el cortejo, existen otros factores como los derivados de la libertad en las relaciones afectivas, que también interfieren en las posibilidades de encontrar una pareja acorde con nuestras esperanzas y necesidades.

Con este fin, la coherencia entre actos, deseos y expectativas en las relaciones con los demás es fundamental para que no seamos víctimas del desencanto que producen los reiterados desencuentros o la imposibilidad de conseguir afianzar una sola de las relaciones que mantenemos; ya que una fuente de insatisfacción y soledad entre las personas solteras es la derivada de las pautas de comportamiento conocido como «sociosexual».

Los adultos suelen manejarse entre varios patrones en las amistades íntimas, que describen dimensiones de la personalidad. Así unos individuos están dispuestos a dedicarse a interacciones sexuales con otras personas en ausencia de todo tipo de intimidad, compromiso o vinculación emocional (orientación sexual libre), mientras otros creen que una relación sexual debe basarse en el vínculo emocional, el compromiso y la seguridad. El segundo modelo es más característico, aunque no exclusivo de las mujeres.

Las personas que tienen una orientación libre, hombres y mujeres, son más propensas a tener muchas relaciones, se encuentran menos interesadas en el amor y la intimidad, y consecuentemente, es normal que encuentren con mayor dificultad una pareja estable, o que se sientan acompañados desde el plano afectivo por medio de sus relaciones. Este tipo de personas suele comprometerse con parejas alegres y atractivas, tanto física como sexualmente.

Los individuos del segundo modelo tienden a asegurar cierto grado de compromiso e intimidad personal antes de mantener relaciones sexuales, y suelen establecer su pareja con personas cariñosas, más capaces de mantener una relación sólida y orientadas a la formación de una familia, aunque estos principios menos independientes les priven de cierto magnetismo personal.

Este orden de cosas, que no pasa de ser una categorización que traemos con fines prácticos, nos puede ayudar a reflexionar si nuestras actitudes y modelos de comportamiento nos llevan al lugar que esperamos, como por

Las fiestas de Rosa

Durante los años ochenta conseguimos, gracias a las fiestas de Rosa, forjar un interesante grupo de amigos, entre los que además de los miembros más jóvenes y avanzados del Departamento de Antropología se encontraban personas del mundo de la música, la política, e incluso algún cineasta. Eran fiestas muy divertidas para todos. Los más tímidos buscaban el mejor sitio para rodearse de los íntimos y comentar en «pequeño comité» los cotilleos y cuitas de los profesores del departamento. Las chicas, sobre todo, bailaban toda la noche música californiana de los sesenta y pop europeo. Corrían los licores y en un ambiente tan propicio, las noches de verano en el jardín resultaban una verdadera invitación a los sentidos.

Cecilia, con atuendos siempre muy modernos, bailaba cuidando que la coreografía acompañase esa pose de persona nada convencional. Era una chica rellenita y poco agraciada, que se hacía acompañar por su hermana, y esa actitud alegre, aunque algo fingida, les proporcionaba algún atractivo. Sin embargo, los años pasaban y a pesar de conseguir bastantes relaciones fortuitas con los miembros del grupo, Cecilia iba acrecentando su tristeza vital, y adoptando una actitud negativa hacia los hombres y su futuro, hasta llegar a los cuarenta sumida en una gran depresión, encerrada entre libros y trabajo. Su hermana, en cambio, siguió manteniendo relación con personas del círculo, firmemente convencida de ser más feliz viviendo sola. Muchos pensamos que Cecilia de haber vivido en una ciudad pequeña, con su estatus profesional y sus ganas de ser querida y tener pareja estable, hubiese podido tener una juventud más feliz, conociendo jóvenes más centrados en estos objetivos. Pero se empecinaba en enamorarse de los miembros más descreídos del amor y la pareja de todo el grupo, divorciados y escépticos. Perdió mucho tiempo e ilusiones pensando que tendría más atractivo con esa imagen frívola que no hacía justicia ni a su físico, ni daba crédito a su personalidad y sus expectativas, pero sobre todo, que no coincidía con las expectativas de las personas que pudieran haberla hecho feliz.

Mario, era un joven parecido a Cecilia en el hecho de fijarse siempre en las chicas más complejas y atrevidas, mientras él no alcanzaba a levantar los ojos de la alfombra mientras bailaba. Tímido y poco atractivo, su personalidad tranquila y su imagen de poeta del romanticismo, hubiera resultado de interés para mujeres que prefieren las aguas mansas. Al igual que Cecilia, vivía solo y cargado con la desesperanza de ver cómo pasaban los años de su juventud sin encontrar mujeres para salir, ni poder formar la familia que deseaba. Su personalidad pusilánime ponía nerviosas a las amigas más guapas y divertidas de las fiestas, mientras idealizaba y hablaba en las comidas como si sus conversaciones con ellas hubiesen sido algo más que eso.

Pasados quince años, Mario finalmente conoció una mujer práctica, guapa y sencilla. Hoy es padre de familia y nunca he visto a nadie tan feliz. Rosa y su mejor amiga se casaron bien pasados los treinta con personas que conocieron en una de esas noches locas de verano y que inesperadamente resultaron ser los mejores compañeros. Sin embargo, ninguna volvió a organizar una fiesta, sus deberes como madres y esposas se lo impedían.

ejemplo a una vida con mayor seguridad emocional y sin sobresaltos, o si por el contrario, somos más agradables y a su vez a nosotros nos resultan más atractivas las personas independientes, desinhibidas y menos proclives al compromiso formal.

No es sencillo determinar qué tipo de comportamiento favorece el encuentro de relaciones más satisfactorias. Elementos ya mencionados como el atractivo físico, la reciprocidad del deseo y la cercanía de intereses pueden unir a personas con estilos de relación muy dispares, aunque es fácil imaginar que, tanto posiciones que desprecian la intimidad, como las que exigen demasiada para acceder a las relaciones sexuales, pueden perjudicar el encuentro humano, la complicidad y el cariño que nos hace sentirnos más acompañados. A veces mantener relaciones de forma inmediata inhibe el interés en el desarrollo de otro tipo de lazos, «la necesidad cubierta no moviliza la acción», en este caso el compromiso, como rezaban nuestras abuelas y como afirman las corrientes humanistas de la psicología social. Por el contrario, la complementariedad sexual puede dar paso a sentimientos más intensos.

4.5. El arte de la conversación

Saber escuchar
es el mejor remedio contra la soledad.

ANÓNIMO

4.5.1. Cómo empezamos a hablar con extraños

Una de las principales dificultades de comunicación es iniciar una conversación. Máxime para aquellos que por diversas razones sufren un mayor aislamiento o que por su trayectoria personal son víctimas de lo que hemos denominado *falta de habilidades sociales*. Este hecho es el culpable en muchas ocasiones de que adoptemos una actitud pasiva. Así, de forma previa a cualquier posible intervención, una «retahíla» de pensamientos negativos acude a nuestra mente: «¿Y si doy una mala imagen? ¿Y si me contestan mal? ¿Y si meto la pata? Tal vez no tengamos nada en común, ¿pero qué puedo decir yo para entablar una conversación sensata?»

De este modo no sólo perdemos la ocasión de hacer amigos y reforzar nuestro contacto con las personas de nuestro entorno, sino que además nos ponemos auténticas trampas en nuestro camino. En primer lugar, porque la clave principal de las primeras tomas de contacto es precisamente eso, más que entablar una conversación sensata, comenzar con comentarios triviales (sobre el tiempo, los atascos de tráfico, o la tardanza del autobús, por ejemplo), para afrontar la fase que proverbialmente se conoce como «romper el hielo». También podemos utilizar comentarios para darnos a conocer de forma superficial y aproximar posiciones (acontecimientos deportivos, espectáculos, proximidad de las vacaciones, etc.), pero sin que esto pueda ponernos demasiado «al descubierto» o nos haga cometer imprudencias, ya que en estas primeras ocasiones, los clichés y prejuicios harán decidir demasiado rápido a los demás sobre la idoneidad de nuestra compañía. Es por ello que lo más prudente es hablar con naturalidad, autoconfianza, sentido común, aunque no demasiado tiempo. Lo que tranquilizará a nuestro interlocutor, que sentirá esa misma sensación de confianza, antes que sorpresa, miedo, suspicacia o tedio.

En el peor de los casos, lo único que puede ocurrir es que la otra persona responda malhumoradamente o nos haga entender que está fuera de lugar nuestro acercamiento. Esta actitud no dice nada negativo de la persona que con educación ha iniciado un intento de relación amistosa, y sí bastante sobre la falta de educación del que contesta. Sin embargo, esta situación es bastante improbable, siendo lo más habitual utilizar algún tipo de excusa. Para prevenir nuestros primeros miedos podemos preparar previamente algunos comentarios acordes con cada una de las circunstancias posibles.

También las personas que suelen tener dificultad para comenzar a hablar con sus compañeros, vecinos, conocidos, pueden tener preparadas una serie de frases introductorias. Por otra parte, como esta dificultad puede derivarse de experiencias fallidas, analizaremos cuidadosamente que dichas frases se correspondan con un estilo adecuado, es decir, que no resulten pusilánimes, ni serviles, pero tampoco lo contrario: soberbias, prepotentes, estridentes o fuera de lugar... Los recursos típicos resultan más fiables, como pedir sal a un vecino, o explicar el medio de locomoción más próximo a nuevos compañeros de trabajo.

Cuando se piensa demasiado en cómo actuar, las dificultades parecen más grandes y la puesta en escena final puede resultar forzada y artificiosa. Es por ello que cuando queramos hablar por primera vez con desconocidos, la mejor solución, antes que pensar en exceso qué diremos, será encontrar una excusa razonable.

Esto significa que nuestros comentarios no deben parecer demasiado forzados, ni traslucir un interés ajeno o excesivo. Por ejemplo, para hablar con vecinos puede ser suficiente preguntar sobre el horario de recogida de la basura, la fecha de la próxima reunión de la comunidad o temas triviales semejantes. Si nos encontramos en un establecimiento con amigos, o nos estamos solos y nuestro interés es conocer personas del otro sexo, es obvio que cualquier comentario puede y debe entenderse en este contexto. Pero no es lo mismo aproximarse demasiado o interrumpir una conversación de forma torpe, que el contrario, utilizar la estrategia del disimulo, pidiendo ayuda, por ejemplo para que nos aproximen nuestras bebidas que esperan en el mostrador, preguntando si está libre una silla; o bien usando la estrategia contraria, comenzando a bailar mirando en la dirección de la persona que interesa sonriendo o interactuar en sintonía con el ambiente distendido que pueden propiciar, por ejemplo, los establecimientos con música.

Es importante que consigamos que surja el interés por conocernos o por establecer una conversación más profunda, antes que imponérsela a los demás. Cuántas veces estamos tremendamente aburridos en una sala de espera, deseando matar el tiempo, hablando para no pensar en otras cosas, pero si alguien es demasiado directo o habla de sus problemas con demasiada facilidad, nuestra conducta será la de protegernos de incursiones sobre las que no hemos tomado previamente una decisión. Dicho de otro modo, los seres humanos estamos acostumbrados a desconfiar de todo lo desconocido, si las señales de aproximación de otros no son lo suficientemente oportunas y comedidas pueden hacernos pensar que se trata de personas poco respetuosas, con intereses ocultos o personas poco equilibradas sobre las que luego no podamos poner límites.

Conviene hacer unos comentarios previos, preguntar si ya ha llegado el doctor, o si ha terminado de leer la revista, junto con algún comentario más de aproximación. Pero luego deberán ser los demás los que den los pasos siguientes para iniciar o proseguir la conversación. La edad, el aspecto, la comunicación no verbal, son también elementos que decidirán a nuestro interlocutor sobre el interés en entablar o no el diálogo, y si tras un primer comentario la persona se sumerge entre las páginas de la revista, es innecesario que insistamos en la comunicación.

Las relaciones sociales son una especie de mercado bursátil, en el cual la demanda puja al alza los valores. Quiere esto decir que al igual que los especialistas en finanzas, o también en búsqueda de empleo, nos aconsejan que para ser seleccionados conviene tener la apariencia de alguien con muchas oportunidades, con mucho trabajo, ni que decir tiene que las personas de las que en mayor medida solicitamos su compañía son aquellas que están más acompañadas.

Esto nos puede llevar a una actitud pesimista, a pensar que nuestra situación no tiene salida si somos tímidos, que nos encontramos solos por diversas razones, o somos especialmente selectivos con nuestras amistades y a consecuencia de ello tenemos muy pocas.

La respuesta es la segunda norma o propuesta: si se llega a un trabajo, una vecindad, una nueva ciudad de residencia, o se quiere desde ahora comenzar a tener muchos amigos, el primer paso será tener uno; profundizar y cuidar la idea de tener un buen amigo. Quien tiene un amigo tiene un tesoro, hemos dicho. La idea de «trabajar» una primera relación es mucho más efectiva que intentar ser amigo de todos y al mismo tiempo, incluso de aquellos que se odian entre sí.

Si tenemos un amigo, los demás vendrán por añadidura, ya que ser amigo de un miembro de la comunidad dará mayor crédito. Asimismo, un buen amigo puede presentarle sin preocupación a otros miembros del colectivo. La gente desconfía de aquellos que se relacionan con todos pero no se deben a nadie, que pueden llevar los comentarios escuchados a los oídos menos interesados, o que no manifiestan compromiso alguno con el grupo; esta actitud es más propia de independientes solitarios. Todos queremos proteger nuestra intimidad, pertenencias y la armonía en nuestro entorno, y es por ello que sólo confiaremos en aquella persona que inicia sus contactos de forma comedida, leal y oportuna; es decir, en aquella de la que nos hemos podido forjar una buena opinión, o que alguien nos ha dado fe de que su experiencia de relación ha sido positiva.

Nadie quiere un vecino/a que entra hasta el fondo del hogar sin apenas conocerla, o que solicita un favor o exige atención cuando tenemos visita o estamos ocupados. La forma de protegernos de este tipo de «pesados/as» es conocer su estilo de relacionarse a través de esas primeras conversaciones, en las que no debemos hablar demasiado de temas confidenciales, ni con demasiada emotividad, lo que puede hacer pensar que exigimos una intimidad que el otro no ha tenido tiempo de desear; pero tampoco conviene ser fríos o demasiado distantes.

No ser demasiado directos sobre nuestras intenciones es una forma correcta de desenvolverse en las relaciones sociales, y que más que hipocresía, hace alusión al respeto por los demás por mantener una comunicación fluida que no ponga en aprietos a nuestro interlocutor, intentando que diga o haga algo que todavía no ha decidido por sí mismo. Quiere esto decir que gustar es convencer, persuadir, para que el otro acepte nuestra persona y nuestros criterios, pero nunca, pedir, exigir, transmitir deseos en forma de órdenes.

Algunas formas de iniciar una primera conversación son las siguientes:

1. Si existe una actividad común (en un curso, la realización de un deporte, etc.) podemos hacer alguna observación sobre la situación que estamos viviendo. Por ejemplo, sobre la negativa del conductor a detenerse en nuestra parada de autobús. Pero también:
   a. Sobre lo que hace el otro.
   b. Hacer un elogio.
   c. Pedir ayuda o poder compartir.
   d. Ofrecer ayuda o invitación a compartir.
   e. Pedir información o consejo.
   f. Dar nuestra opinión.
   g. Saludar y presentarse.
2. Si no existe una situación que nos relacione:
   a. Presentarnos hablando de los intereses comunes. Por ejemplo, cuando queremos acceder al consejo o a trabajar con algún profesor determinado. Si leemos sus trabajos o asistimos a sus conferencias podemos saber de sus intereses, y comenzar diciéndole cómo nos gustó y afectó a nuestra trayectoria dicha lectura.
   b. Buscando una posible actividad o nexo común. Por ejemplo, si nos gusta una persona de sexo opuesto de nuestra ciudad, la universidad o nuestra profesión, pero no tenemos acceso a su círculo de amistades, podemos: intentar conocer cuáles son éstas, cuál es lugar de culto, deporte, la zona de recreo, los congresos y círculos de comunicación profesional (colegios, asociaciones, etc.), los lugares y actividades de ocio por donde se mueve, presentaciones de libros, discos, estrenos de cine, club de tenis, gimnasio, exposiciones artísticas, las personas solemos acudir a espacios determinados en relación con nuestras preferencias culturales e ideológicas.
   c. Provocando esa situación común. Por ejemplo, en los lugares de recreo, bailando en una zona cercana, o hablando con las personas con las que esta persona suele relacionarse. Si quere-

mos entablar relación con la esposa de una persona que conocemos, pero no lo suficiente, porque nos agrada y creemos que podríamos tener cosas en común, podemos romper el hielo con la invitación a algún acto multitudinario y sin compromiso; por ejemplo, una presentación de productos.

En ámbitos profesionales, podemos invitar a esa persona a participar en una mesa redonda, participar en un proyecto o una colaboración por razones de su historial y experiencia, etc.

En cualquier caso, no conviene olvidar que en estos primeros contactos, tan importante como lo que se dice es la actitud, el gesto. Es importante saber transmitir la imagen de una persona franca y cordial.

Si el interés va más allá de los deseos de conocimiento, y son el resultado de una situación de galanteo, el inicio de la conversación es aún más importante. En este sentido, y al contrario de lo que pudiéramos imaginar, diversos estudios han demostrado que la simpatía y aceptación del otro es más probable cuando dicha iniciación es sencilla y directa (¿Eres de aquí?, ¿Cómo te llamas?, por ejemplo), que cuando es graciosa, intelectual, sorpresiva o demasiado atrevida (Byrne, 1998).

Por último, tan importante como comenzar una conversación es saber cómo continuarla, y sobre todo cómo darle fin. Conviene no abusar del tiempo de los demás y del nuestro propio, lo bueno es amigo de lo breve. Hablar de forma fluida no significa decir todo lo que se nos venga a la cabeza, cayendo presos de «cierta incontinencia verbal» propia de ansiedad en situaciones sociales, en las que vamos de un tema a otro tal como nos viene a la mente y por tanto, cometiendo imprudencias, por ejemplo, cuando pasamos a temas que por su intimidad no son los propios de un primer encuentro. Es importante guardar el misterio, no ser un libro abierto como ya se ha dicho y que no interesa volver a tomar prestado en la biblioteca.

4.5.2. Los secretos del buen conversador

Nuestras palabras son de vital importancia en las relaciones con los demás. Una sola palabra a destiempo puede terminar con una amistad de años. Razón por la cual, si tenemos dudas sobre los efectos que tendrán nuestras palabras, será mejor omitirlas, o en cualquier caso, no confiarlas a la casualidad. Estudiaremos la mejor forma de expresar nuestras opiniones. No obstante, una vez producido el desencuentro, tampoco es del todo cierto que las insidias en una amistad sean como una estrella cuando cae del cielo, que ya nadie las puede reclamar. Siempre tendremos la posibilidad de ser lo suficientemente persuasivos en la reparación, como para incluso reforzar los lazos de afecto tras una crisis. El problema es que a veces, cuando incurrimos en desatinos en nuestra conversación con un amigo, puede ser en ocasiones síntoma de un malestar más profundo que conviene analizar antes de precipitar conflictos innecesarios.

Los buenos conversadores suelen ser personas persuasivas. Al igual que quienes poseen carisma tienen a su vez muchos amigos, las personas con magnetismo personal suelen ser, por norma general, buenos conversadores. No es de extrañar, por tanto, que ser un buen orador sea requisito muy importante para un gran líder.

Ser un buen conversador, por otra parte, depende de nuestras aptitudes verbales, aunque no sólo de éstas. Existen personas con una gran fluidez verbal y que sin embargo son tremendamente torpes conversando. Saber mantener el interés por lo que decimos y conseguir que nuestras conversaciones con los demás sean una vía agradable de interacción, comunicación y participación, es cuestión de atender algunas normas generales de urbanidad y sentido común. Como no interrumpir, atender a las preferencias del otro a la hora de elegir los temas, respetar el nivel de confidencialidad que los demás quieren alcanzar con nosotros, respetar el turno de palabra, no utilizar frases, anécdotas o expresiones que puedan herir susceptibilidades, etc.

Para mantener una conversación podremos hacer varias cosas: emitir libre información para fomentar el diálogo, hacer preguntas abiertas o cambiar de tema.

Emitiendo libre información propiciamos que la conversación pueda transcurrir sin silencios incómodos, dirigirla hacia los temas que nos interesa tocar con la otra persona o, lo que a veces es más importante, evitar que lleguen a tratarse temas en los que no nos interesa profundizar. Si tememos por el papel que habremos de desempeñar en una reunión social y queremos evitar hablar de ciertos temas espinosos, podemos reunir previamente una serie de temas a modo de introducción. Los grandes conversadores para los que las relaciones sociales juegan un papel importante en su vida, llegan incluso a prepararse chistes y anécdotas para que todo encuentro sea un éxito. Esto no tiene ninguna dificultad siempre que se haga de forma natural y fluida. Sí la tiene en cambio, sentirnos patosos, que introducimos sin querer temas poco oportunos o que pueden dañar nuestra imagen.

La libre información no es obligar al otro a hablar del tema que nosotros queremos, sino invitar con saltos de un tema a otro, en un primer momento, para que nuestro interlocutor elija el que más le guste, para que se produzca el intercambio y facilitar la interacción.

Ante todo es importante mantener el respeto, no utilizar chistes o introducir temas que puedan molestar, e intentar más que saber hablar, saber escuchar, interpretando las señales comunicativas que nos emiten los otros, las palabras que se dicen y los aspectos que se omiten. Por ejemplo, cuando un amigo evita entrar en aspectos relacionados con la familia, tal vez existan aspectos dolorosos que no quiera recordar, como el fallecimiento de sus padres. En estos casos esperaremos a que sea él mismo el que decida cuándo y de qué forma desea hablar del tema.

Como norma para no ser una compañía incómoda y tocar temas que a todos agraden, pueden emplearse las preguntas abiertas. Las preguntas en general son excelentes fórmulas para mantener viva una conversación, y las respuestas que susciten serán una medida del nivel de confianza alcanzado. Preguntando mostraremos interés por los otros, recabaremos información para saber cómo tratarles y cuáles son los temas de los que prefiere hablar. Si las preguntas a su vez son abiertas, garantizan que la interacción se mantenga sin tener que introducir un nuevo tema rápidamente. Las preguntas cerradas, por el contrario, suelen resolverse con un sí o un no, dando paso a silencios tensos que conviene evitar.

Cambiar de tema es otra fórmula para agilizar y hacer agradable una conversación, que no tiene por qué tener una estructura rígida y que nos permite encontrar temas de interés comunes.

Por último, conviene tener en cuenta la importancia que tiene el hecho de saber administrar los silencios. Para la mayoría de las personas los silencios en la conversación suelen vivirse de forma incómoda, y pueden generar cierta ansiedad. De hecho son utilizados por periodistas e investigadores sociales para que el entrevistado hable sin tregua, incluso más de lo que él mismo quiere.

La diferencia entre alguien que se mantiene en silencio y otra persona que no para de hablar es que la primera censura demasiado sus pensamientos, y la segunda en absoluto. La virtud, como siempre, se encontrará en el término medio. Las personas con una baja autoestima pueden mostrarse tanto de uno como de otro modo; unas hablando sin parar e interpretando los silencios como falta de aceptación por parte de los otros, las otras considerando que no son capaces de elaborar una conversación brillante, o de encontrar temas que susciten el más mínimo interés. El buen conversador en cambio será dueño de sus palabras, y prueba de ello será que sabrá manejar los silencios con inteligencia, sin ansiedad: como un descanso para pensar lo que vamos a decir, darle mayor interés a la trama o una nueva dirección al discurso. También intentará controlar adecuadamente la velocidad y el volumen de la conversación, dando mayor expresividad a sus palabras, hasta conseguir hacerse la más agradable de las compañías.

Pero además, los buenos conversadores saben lo importante que es saber el momento y la forma de terminar una conversación. Como con tantas cosas en la vida, ante la duda sobre la extensión de nuestras comunicaciones, debemos saber que siempre será mejor que nuestros interlocutores se queden con ganas de volver a escucharnos, que hastiados por nuestro verbo incontenible. Es decir, es importante intentar mantener un discurso comedido, tanto en la forma como en su duración.

En este punto, conviene tener en cuenta que la extensión de nuestras comunicaciones y la persona que debe decidir su finalización, en las relaciones desiguales (superiores jerárquicos, autoridades, personas de mayor edad o estatus), deben ser coherentes en el ámbito de las relaciones sociales en las que se insertan. Es decir, si hablamos con un jefe, es probable que él o ella haga notar su estatus superior, además de su posición de persona ocupada por unas responsabilidades, siendo quien decide de qué se habla, en qué proporción y cuándo debe terminarse la conversación.

Si somos nosotros los que nos hallamos en una posición jerárquica «superior», podemos permitirnos el lujo de propiciar relaciones de comunicación más igualitarias, que tanto enriquecen la perspectiva de los directivos sobre la situación de las empresas y el proceso de trabajo; siempre que esto no suponga el despilfarro de un tiempo valioso, o cierto «compadreo» que puede afectar a la autoridad que inspiramos a las personas subordinadas. En cualquiera de los casos, terminar una conversación no siempre es fácil, a veces por timidez o por no ser descorteses alargamos las conversaciones sin verdaderos deseos de hacerlo por una o ambas partes. Por ello es recomendable contar con una serie de frases de apoyo, por ejemplo:

Durante el ocio:
- ¿Qué tal si nos vemos un día de éstos? Ahora me cierran las tiendas.
- No sabes cuánto me alegro de haberte visto, aunque ahora no pueda quedarme más tiempo.
- Siento mucho tener que despedirme, pero me están esperando.

Tras una cita:
- ¿Qué te parecería que quedásemos mañana para seguir hablando?
- Ahora tengo que irme, podríamos quedar otro día.
- Lo he pasado muy bien, si te parece bien podríamos quedar para vernos el próximo fin de semana.

Incluso en el caso de tener que despedirnos de nuestros superiores, podemos contar con algún subterfugio que les resulte propio: como excusarse por causas relacionadas con el interés en terminar a tiempo un trabajo, atender sin demora a un cliente (en cuyo caso valorarán su actitud), o para encontrar información o una respuesta para eso que a ellos les está preocupando.

4.5.3. Cómo hablamos con nuestros conocidos para que pasen a ser amigos

Ya hemos comparado la tarea de hacer amigos y salir de la soledad con la de encontrar un nuevo trabajo. En ambos casos debemos presentarnos, promocionarnos, hacer un esfuerzo de tiempo de dedicación y poner voluntad, autoestima y confianza en nosotros mismos. No quiere esto decir que hacer amigos sea un esfuerzo, pero sí que el origen de muchas soledades se encuentra en la falta de motivación y voluntad para asumir el riesgo de darnos a conocer, intentar gustar, darle su tiempo y, sobre todo, salir de casa y de nosotros mismos para encontrarnos de veras con los otros.

Es por ello que, como en el caso de presentarnos a unas pruebas de selección para el empleo, serán de interés conocer las mejores formas para darnos a conocer, el enunciado de nuestras credenciales y la exposición que hacemos de nuestro currículum y vida personal. Pero a diferencia de lo que ocurre en dichas entrevistas, estos aspectos deben ser expuestos de la forma indirecta, oportuna y sin que podamos llegar a parecer presumidos o prepotentes. Se trata únicamente de acercar posiciones, por tanto, es más importante que contemos lo estrictamente necesario para calmar suspicacias de los otros sobre nuestra persona, para pasar a mayores profundidades en la medida que se incrementa la confianza.

Al principio siempre será más efectivo ahondar en asuntos triviales que nos aproximan a las personas que acabamos de conocer (gustos, anécdotas, lugares para visitar, etc.), antes que intentar impresionar con nuestra posición, cultura o con una confidencialidad innecesaria.

Hablar con las personas que ya conocemos puede tener que ver tan sólo con la actividad por la que hemos entrado en relación, como el deporte, el trabajo o la educación de los hijos. Cuando deseamos mantener lazos de amistad más profundos, conviene que juguemos con los que habitualmente se denomina *niveles de confidencialidad*. Esto es, que cuando lo que pretendemos es que personas que son poco más que compañeros o conocidos pasen a formar parte de nuestro círculo de amigos, porque su compañía resulta enriquecedora, deberemos respetar algunas pautas de aproximación que no intimiden a dichos amigos potenciales.

Así, deberemos jugar con estos niveles de confidencialidad, observando cómo el otro/a también avanza según el grado de intimidad alcanzada a través de sus comentarios e intentando comprobar, mientras tanto, si somos compatibles, tenemos en lo fundamental valores similares, o bien, corremos el riesgo de abrir nuestro corazón a personas que no van a comprendernos. Estas y otras apreciaciones que pueden resultar demasiado obvias son dignas de mención cuando nuestro cometido es hacer amigos con cierta premura, pero con los menores riesgos.

Muchas personas que se sienten solas se encuentran rodeadas de muchos conocidos, pero no son capaces de hacer verdaderos amigos por falta de habilidad a la hora de «avanzar» hacia mayores niveles de confidencialidad. Esto implica un mayor grado de confianza, sinceridad e intimidad, que debe ganarse con tiempo, paciencia, ganas de compartir y acierto en nuestras interacciones, y para las que deben estar de acuerdo ambas partes. Conviene tener presente la importancia de que nuestra proximidad sea percibida en términos de oportunidad (para la comunicación, la diversión, el conocimiento) y no de amenaza (la persona recién llegada puede ser percibida como un riesgo para la tranquilidad, la intimidad, la economía del tiempo, etc.).

Un paso importante en este interés de hacer amigos es intentar que personas que conocemos en actividades cotidianas pasen a formar parte de nuestro tiempo libre, conozcan nuestra casa, etc. Conviene en estas ocasiones no ser demasiado insistente, ni crear situaciones en los que alguno de los dos pueda sentirse incómodo o forzado a algo que no desea. Existen muchas personas que, por norma general, prefieren no profundizar en las relaciones que se establecen a través del trabajo o el ámbito profesional.

Si se trata de disfrutar de unas horas con antiguos amigos, por ejemplo llamando por teléfono para concertar una cita, es más fácil que surja la posibilidad de quedar más tarde tras una conversación justificada por algún acontecimiento, en la que aparecen actividades que se desean hacer juntos en el futuro; dejando que posteriormente, cuando le transmitimos nuestra disponibilidad sea ella o él quien dé el primer paso.

5

Soluciones para estar bien acompañados

5.1. Redes sociales para salir de la soledad

Un hombre aislado se siente débil, y lo es.

CONCEPCIÓN ARENAL (1820-1893)

Nadie puede negar que la vida moderna ha desvinculado al ser humano de las tradiciones populares que le acompañaban a lo largo de su vida y le ayudaban a vivir en comunión con sus vecinos. Todas las culturas gozan en mayor o menor medida de ceremonias y ritos en los que se recrea la comunión y se ensalza la vida social.

Sin embargo, la vida urbana ha relegado y simplificado las tradiciones al núcleo familiar, que ya apenas encuentra cauces para la participación y la vida en comunidad. Por el contrario, en esta nueva vida secularizada, sin raigambre cultural ni religiosa, en donde las autoridades de esta índole, pero también los referentes políticos, del derecho o la cultura, han perdido toda gravedad, el orden jerárquico en las comunidades ha sido sustituido por las relaciones, por las redes sociales individuales que cada miembro de la familia es capaz de diseñar en el amplio haz de posibilidades que nuestra invertebrada sociedad (civil) es capaz de dispensarnos.

Quiere esto decir que ya no existen unos cánones que nos indiquen con qué personas debemos o no debemos interactuar, que a los jóvenes no se les ofrece una sociedad en la que las asociaciones entre iguales estén cla-

ramente establecidas o estructuradas (en torno a la iglesia, la escuela, la vecindad, etc.), sino que todos y todas deberemos intentar participar de las
diversas y plurales asociaciones humanas, o de lo contrario sucumbir al
aislamiento y la soledad.

En este contexto, las redes sociales son un ámbito relacional, con una
representación espacio-temporal y numerosas propiedades vinculadas con
el intercambio de información. Antes, durante la infancia era habitual jugar con vecinos una vez terminada la jornada escolar. Hoy en día la vida
en grandes ciudades impide en muchos casos este tipo de contactos, pero
proporciona otros nuevos que permiten nuevas formas de relación, por
ejemplo en los gimnasios, las actividades extraescolares, las asociaciones
juveniles, clubes sociales, las mismas parroquias, etc.

Antes quedaba determinado dónde debía acudir cada habitante de una
comunidad según su sexo, edad y posición social. Ahora esto sólo se produce de forma excepcional en las pequeñas localidades en las que la sociedad
civil se encuentra menos desarrollada, y la iglesia y las autoridades muni-
cipales siguen marcando las pautas de dedicación y conducta, lo que si
bien restringe la libertad individual, ahuyenta la soledad y garantiza la
vida social.

Las familias, por otra parte, además de poseer muchos menos miembros en la actualidad, suelen residir a bastante distancia, dificultando las
relaciones y la proximidad, tanto espacial como sentimental.

Quiere esto decir que la vida social, la amistad y en definitiva la ocupación de nuestro tiempo deben ser individualmente construidos y, en
ocasiones, duramente trabajados. El problema reside en que las redes sociales son relativamente opacas, por definición no poseen una publicidad,
ni una información adecuada sobre sus estructuras, funcionamiento, ni de
dónde empiezan y acaban. Y de este modo son muchas las personas que
pasan sus días en soledad, sin concretar nada nuevo en torno a una vida
en relación, o el desarrollo pleno de facetas profesionales, deportivas y culturales. Como cuando un joven destaca en el deporte será desde la misma
escuela donde tendrá el refrendo de sus profesores para introducirse en las
asociaciones deportivas, los equipos y las redes sociales de deportistas y
aficionados.

Cuando la vocación o la necesidad es más tardía no es tan fácil entrar en dichas redes y conocer cuáles son las trayectorias que nos cualifican, por ejemplo, para la participación política, vecinal, cultural o asimismo deportiva. Mucho menos cuando queremos, pero no sabemos de forma concreta cuáles pueden ser esas vías de relación.

Para empezar de algún modo podemos simplificar las posibilidades que la sociedad civil nos ofrece con este sencillo esquema:

1. Participación ciudadana:
   a. Partidos políticos.
   b. Sindicatos.
   c. Asociaciones humanitarias y altruistas no gubernamentales.
   d. Trabajo voluntario gubernamental.
   e. Asociaciones vecinales.
2. El momento para tu profesión:
   a. Asociaciones específicas.
   b. Colegios profesionales.
   c. Fundaciones, etc.
3. Actividades de apoyo o práctica del deporte través de:
   a. Instalaciones comunitarias.
   b. Clubes locales.
   c. Peñas y asociaciones de apoyo al deporte.
   d. Gimnasios y academias (ballet, deportes específicos).
4. Actividades culturales:
   a. Desde el plano formativo (cursos de las juntas de distrito y los ayuntamientos, academias, fundaciones y asociaciones, universidades y escuelas, entidades privadas).
   b. Desde el plano profesional: asociaciones de artistas en general (escritores, pintores, actores, fotógrafos, etc.), exposiciones, ferias, congresos...
   c. Como consumidor: bibliotecas, museos, asociaciones, galerías, tertulias y grupos de aficionados, etc.

El acceso será tan simple como acudir a las sedes de los respectivos grupos y asociaciones, o telefonear previamente, para lo cual será suficiente con localizar su teléfono en las páginas o los teléfonos de información ciudadana, y solicitar información sobre sus actividades y el modo de pasar a ser miembro de ellas. También a través de Internet pueden ser contactadas muchas de ellas.

Si hemos optado por el rumbo profesional, tenemos múltiples opciones para enriquecer nuevos conocimientos. En primer lugar, podemos buscar formación o un puesto de trabajo que entrañe mayor contacto con las personas, si es que nuestra actividad actual no nos satisface. Podemos comenzar enseñando o bien aprendiendo, a través de cursos y talleres (formación profesional, ocupacional, continua, de posgrado, reglada, etc.), ya que tanto la docencia como el estudio son actividades que entrañan una dinámica grupal, contacto interpersonal y enriquecimiento de las habilidades sociales.

La oferta de participación en las instituciones públicas y privadas es enorme, y acudiendo a ellas o informándonos en la prensa dominical, podemos acceder a un volumen de información ingente sobre cursos de formación, entre los que elegiremos aquellos de interés en función de nuestras necesidades para el perfeccionamiento personal o profesional, o bien aquellos que entrañen una mayor relación entre los participantes (cursos de verano, de fines de semana, temas lúdicos o destinados al ocio y el entretenimiento, etc.). También podremos optar por ser nosotros mismos los que propongamos las acciones formativas a dichas instituciones (INEM, sindicatos, patronal, juntas de distrito, empresas, academias, entidades específicas de los ayuntamientos y las comunidades autónomas).

Las organizaciones no gubernamentales y las entidades sin ánimo de lucro también cuentan con un gran número de actividades formativas, complementarias a sus actividades y que pueden conectarnos con las redes de empleo y voluntariado internos. Por ejemplo, en los colegios profesionales, las asociaciones humanitarias, tanto acciones formativas y culturales como las actividades que se encuentran en el marco de los objetivos de estas asociaciones, suelen favorecer la comunicación del colectivo y el servicio a la sociedad. Sin embargo, para que nuestra elección sea la más acertada y no nos encontremos fuera de sitio, conviene calibrar cuál de ellas es más acorde con nuestras ideas y preparación previa. Así, si somos profesionales de la salud, tanto las asociaciones, los colegios profesionales, como las organizaciones que cuenten con servicios sanitarios nacionales e internacionales, serán las más apropiadas (Cruz Roja, Médicos Sin Fronteras, etc.).

También puede ocurrir que, después de todo, ni la oferta de ocio, ni la educativa, ni la asociativa a nuestro alcance sea de nuestro agrado. Puede ocurrir, como es bastante habitual, que ciertas organizaciones (colegios profesionales y ONGs) y grupos de autoayuda (personas con problemas de tartamudez, anorexia, padres de niños hiperactivos...), no se encuentren todavía ubicadas en nuestra comunidad. Es entonces el momento —si consideramos que es ésta una buena oportunidad para salir del aislamiento— de entrar en contacto con las sedes correspondientes e intentar su implantación en nuestro municipio, o bien, pensar en una fórmula asociativa novedosa que nos interese crear y promover. Esto puede hacerse con cualquier otro tipo de asociaciones, como clubes deportivos o de fans. Nos informaremos a través de ellas de los pasos a seguir para su constitución jurídica (composición de la junta directiva, estatutos y ámbito de acción), o bien en las instituciones para la participación ciudadana competentes (Institutos de la Juventud, Ministerio del Interior, etc.).

No obstante, si nuestro interés consiste tan sólo en establecer unas relaciones de amistad agradables y enriquecedoras, podemos crear sencillas tertulias de amigos, en donde unos van trayendo a otros para el comentario de libros, el debate artístico, ideológico, la práctica de un idioma concreto o de otra actividad (ajedrez, labores, cocina...), o sencillamente salir en grupo. Este tipo de reuniones puede realizarse en nuestro propio domicilio, de forma rotatoria o en lugares públicos, como cafeterías o locales consistoriales.

Por último, conviene citar las redes de solidaridad que se comienzan a establecer en algunos barrios europeos a tenor de las recientes transformaciones de la vida familiar. Consisten en zonas generalmente del centro de las ciudades que han sido «tomadas» por población joven con deseos de vivir en comunidad. Así se establecen turnos para el cuidado de los niños y otra serie de labores fuera del intercambio mercantil, basados en las relaciones de vecindad y que pretenden facilitar la vida en grandes ciudades. También en algunos barrios se han ido instalando colectivos concretos, como por ejemplo gays y lesbianas en Madrid, o artistas en Londres y Nueva York, con el único interés de favorecer las redes espontáneas de amistad y colaboración.

Más allá de nuevos fenómenos sociológicos, todos nosotros podemos intentar estrechar nuestros lazos de relación con nuestros vecinos, sobre todo cuando es posible unir a necesidades semejantes, también unos valores y forma de vivir similar. Cierto es que, por norma general, los habitantes de las ciudades suelen huir del control social que implica una estrecha relación con los vecinos. Sin embargo, en ocasiones es posible establecer pactos de autoayuda entre vecinos, o entre unos y otros ciudadanos, que pueden generar auténticas redes de solidaridad: por ejemplo, para ir a recoger a los niños al colegio (como hacen muchas madres), a comprar días alternos (en el caso de personas mayores o con movilidad reducida), defenderse ante eventuales delincuentes, acompañar a los ancianos que viven solos a cambio de hospedaje para estudiantes, compartir gastos de automóvil y tener compañía en los desplazamientos, etc.

Las formas de entrar en contacto con personas con las que intercambiar tareas y amistad pueden ser muy variadas, y van desde las reuniones de vecinos, los centros para la tercera edad, las bibliotecas, centros culturales del barrio... Podemos poner anuncios en los supermercados, los boletines de la zona, las revistas y publicaciones especializadas (de padres, amas de casa, ancianos, estudiantes, anuncios por palabras con indicación del barrio, etc.).

5.2. Soluciones rápidas

No dejes crecer la hierba en el camino de la amistad.

PLATÓN (c. 428-v. 347 a.C.)

Tras una separación, la llegada a una nueva ciudad, el final de una oposición, o simplemente cuando hemos decidido enriquecer nuestra vida social, existen bastantes posibilidades para establecer unas relaciones más cordiales y asiduas con las personas que conocemos y tener la oportunidad de conocer amigos y amigas nuevos.

En primer término una celebración es la acción más indicada cuando de retomar contacto y disfrutar de la compañías de nuestros amigos se trata. Si consideramos que no es conveniente que queden en evidencia nuestras verdaderas intenciones, por ejemplo, cuando terminamos de salir de una ruptura sentimental y nos encontramos solos, o nos hemos quedado sin trabajo y deseamos no perder nuestros contactos profesionales actuales, podemos hacer que sea un amigo/a o un/a hermano/a los que la realicen, o bien buscar una buena excusa para que dicha situación no quede forzada. Aunque esta tarea puede parecer sencilla, cuando de organizar una celebración se trata los impedimentos que encontramos pueden ser muchos, en especial en lo concerniente a la causa del evento. Por ello, apuntamos una lista de posibilidades que facilitarán la elección, y ayudarán a salir del letargo.

Celebrar:

1. Que nos vamos de vacaciones.
2. Que no nos vamos de vacaciones.
3. Llegada de las vacaciones.
4. Cumpleaños.
5. Aniversarios.
6. Presentar un amigo, familiar o persona significativa que ha llegado a la ciudad.
7. Casa nueva, alquilada o comprada.
8. Que hemos amueblado la casa.
9. Un nuevo trabajo.
10. Presentación de un trabajo literario o artístico.
11. Presentación de un trabajo literario o artístico (pintura, fotografía, cine, teatro, etc.) de algún amigo/a.
12. Inauguración de un negocio de un amigo/a.
13. Obtención de buena calificaciones (en oposiciones, exámenes, examen del carné de conducir, etc.).
14. El fin de un curso o unos estudios.
15. Presentación o lanzamiento de un proyecto.
16. El final de un proyecto solitario o conjunto.
17. Encuentro para difundir una idea, asociación o futuro proyecto.
18. Que hemos salido de una enfermedad.
19. Que hemos conseguido algún tipo de meta o éxito.
20. La inauguración de una tertulia de amigos.
21. El encuentro de antiguos compañeros de estudios o del trabajo.
22. El encuentro de antiguos compañeros de actividades de ocio.
23. Preparar una barbacoa, una fondue, un cóctel, una comida típica o una comida rápida mientras vemos la televisión o un vídeo.
24. Realizar un encuentro PORQUE SÍ.

Si somos personas retraídas o tímidas, pediremos ayuda a los amigos, o intentaremos que en un principio sean ellos los que corran con el esfuerzo de un encuentro social, para ir tomando nota. En cuanto a la urbanidad, formas de invitar, preparar un cóctel o una cena, es decir, en cuanto al arte de ser un buen anfitrión existen infinidad de publicaciones y cursos, para que la improvisación no nos sirva como excusa para no salir de la soledad.

Otra posibilidad menos complicada que podemos estudiar para rodearnos de compañía y aumentar nuestro círculo de amigos es encontrar una excusa para invitar a nuevos o antiguos amigos/as y conocidos/as a mantener una conversación, que puede surgir de la forma más sencilla. Si se nos resiste esta posibilidad, allí van algunas recetas:

1. Comidas de trabajo.
2. Cenas y convocatorias de los colegios y asociaciones profesionales.
3. Cenas y convocatorias de los partidos políticos, fundaciones, círculos y asociaciones variadas, especialmente las artísticas.
4. Cenas de antiguos amigos.
5. Tomar un café para charlar.
6. Salir para tomar un aperitivo.
7. Salir a tomar una copa.
8. Conocer un nuevo restaurante.
9. Ir a ver una película especial.
10. Ir juntos para aprender un baile o una danza.
11. Visitar una exposición de arte.
12. Asistir a una conferencia o a la presentación de un libro.
13. Visitar museos o yacimientos.
14. Salir a la naturaleza.
15. Ir a una fiesta.
16. Asistir a fiestas patronales.
17. Participar en un proyecto humanitario.
18. Asistir o realizar una reunión de ventas.
19. Acompañarnos para hacer una compra importante.
20. Acompañarnos para hacer juntos las compras rutinarias.
21. Acompañarnos para asistir a un congreso, un curso o unos seminarios.
22. Para apuntarse en un gimnasio.
23. Para apuntarse en una academia (aprender una danza, a tocar un instrumento, un arte, etc.), una escuela o la Universidad.
24. Conocer un restaurante especial.

25. Visitar el zoológico, el parque de atracciones, un restaurante temático.
26. Asistir a manifestaciones, actos y convocatorias políticos y/o solidarios.
27. Conocer una ciudad vecina.
28. Asistir a un concierto, ballet, obra de teatro, ópera, etc.
29. Para presentar o que nos presenten a la pareja, un nuevo/a amigo/a, compañeros con aficiones similares, etc.
30. Sencillamente para charlar.

Conviene por tanto no tachar de nuestra agenda los teléfonos de antiguas amistades, sino por el contrario actualizarlas.

Normalmente, suelen conocerse personas nuevas en sitios más o menos preparados para ello, como los establecimientos para el ocio (pubs, discotecas, cafeterías), pero también instando a los viejos amigos a que nos presenten personas nuevas, o en cualquier otra ocasión en la que resulte procedente la interacción con personas de todas las condiciones que nos permitan ampliar nuestro círculo de amigos, por ejemplo, cuando intentamos mejorar profesionalmente (participando en seminarios y congresos) elevar nuestro nivel educativo (bibliotecas y universidades), o sencillamente relacionarnos (lavanderías, reuniones de vecinos, asociaciones de padres, amas de casa, etc.).

Sobre todo es importante entender la importancia de la amistad para nuestras vidas, incluso si después de todas estas recomendaciones, y a pesar de sentirnos solos, nos parece desmedido, e incluso innecesario, poner tanto interés en conocer personas nuevas y mantener amigos.

Por una parte, amigos y familiares aumentan nuestro optimismo, nuestra confianza y autoestima. Por la otra, podemos apoyarnos en ellos y recibir su apoyo, como fuente de satisfacción e innumerables ventajas para llegar a gozar de todas nuestras potencialidades: teniendo más posibilidades de información sobre cualquier aspecto de la vida (búsqueda de vivienda, automóvil, colegio y empleo), acceso a profesiones, gama de opiniones para tomar decisiones acertadas (para emprender un viaje, cambiar de empleo, emplear nuestro tiempo, elegir estudios...), apoyo corporativo para triunfar en la empresa o las organizaciones, consejo para prevenir riesgos (en cuanto a la seguridad personal, de la vivienda, las finanzas, las relaciones)...

Sin embargo, amistad no es igual a mercadeo. Esto nos dejaría inermes ante una pérdida de «capital», de valores que intercambiar, por ejemplo cuando perdemos influencia o estamos enfermos. La amistad es realmente eficaz cuando surge del apego, la generosidad y la simpatía. Diríamos, en resumen, que si un hombre o una mujer solos son más débiles, las personas con buenos amigos son infinitamente más fuertes y pueden llegar más fácilmente tan lejos como les permitan sus capacidades, incluso más.

5.3. Con ayuda de las Nuevas Tecnologías

La Red se está convirtiendo en una «válvula de escape» para esa soledad del escritorio que presiden el tiempo de trabajo y el ocio moderno. El mero hecho de «pinchar» el icono del correo y ver cómo un mensaje va depositándose en la «bandeja de entrada» produce una sensación muy agradable. Significa que alguien se está acordando de nosotros y nos envía una información, que no estamos solos.

El problema reside en que esta comunicación está sustituyendo cada vez en mayor medida la comunicación telefónica y presencial, en la que elementos fundamentales del proceso comunicativo, como el gesto, la textura de la voz, la sonrisa... forman parte de la misma interacción, de la «empatía» y comprensión necesaria para satisfacer nuestra necesidad de compartir y de estar acompañados.

En contrapartida, Internet alivia la soledad de muchas personas, y está propiciando no pocos encuentros de muchos que de otro modo hubieran seguido pensando que están solos. Profesionales con puestos de trabajo con escaso contacto con los demás, enfermos y personas con movilidad reducida, amas de casa, niños y no tan jóvenes, han encontrado en la Red un recurso sin límites para encontrar amigos, almas gemelas y amores, aunque como con todo lo que resulta revolucionario a los ojos de la sociedad, sólo lleguen a nuestros oídos noticias que hablan de identidades falseadas, malas influencias o incluso estafas.

Del mismo modo que podemos decir de cualquier otro medio de comunicación, como el teléfono, la Red es un reflejo de la sociedad global que la adopta. Y de forma semejante a ésta, a pesar de su aparente fácil acceso, su mera existencia entraña una serie de desigualdades. Y es que no todas las personas cuentan con la inversión, los conocimientos, o los alicientes culturales necesarios para su acceso.

Al igual que para muy pocos sería inimaginable el mundo de las relaciones humanas sin conocer el uso del teléfono, dentro de pocos años, y desde ahora mismo en algunas profesiones, quien no tenga «acceso» a estas nuevas tecnologías sufrirá una seria desventaja en su adaptación al medio.

Convendrá, por tanto, conocer su funcionamiento para estar al día y maximizar las posibilidades que la Red nos depara en relación con la sana tarea de salir al encuentro de los otros, así como cuáles habrán de ser las precauciones a adoptar para no tener demasiados problemas.

La instalación de Internet en nuestro domicilio siempre que contemos con línea telefónica, podremos solicitarla a los propios técnicos encargados de traer y poner a punto el ordenador (monitor y CPU) y los equipos periféricos (escáner, impresoras y ratón), o bien a los encargados de la instalación de los programas (software), si no son los mismos. En cualquier caso, en las tiendas de productos informáticos pueden proporcionarnos toda la información pertinente. Si además queremos una mayor autonomía en la implantación, gestión y arreglo de los equipos informáticos, en general, y en lo concerniente a uso de Internet en particular, podemos recibir cursos especializados.

Si no queremos realizar el desembolso necesario para la compra de un ordenador nuevo, también tenemos otras dos posibilidades. Por una parte, existen en el mercado tiendas y empresas al por menor que administran equipos informáticos de segunda mano. Por la otra, existen «cybercafés» en la mayor parte de las ciudades, donde a cambio de un módico precio podemos acceder a Internet. También contamos con aulas y bibliotecas subvencionadas por organismos oficiales en los que los usuarios pueden acceder de forma gratuita a la Red.

En cuanto a los «peligros del navegante», por ejemplo, los que pueden entrañar formas de contacto como los anuncios por palabras en la tarea de hacer amigos, parece que a través de Internet quedan disminuidos por la posibilidad de mantener comunicaciones fluidas durante tiempo prolongado y a cualquier hora del día, que no exigen entrar en contacto con la otra parte hasta estar seguros de la conveniencia del encuentro, así como la posibilidad de enviar documentos e imágenes (a través del escaneado de fotografías o por sistema de vídeo).

En cuanto al riesgo que asumimos de conocer personas con fines poco éticos, podemos afirmar sin miedo a equivocarnos, que puede ser el mismo que corremos cuando conocemos nuevas personas por medio del encuentro presencial, y que no son otros que los propios riesgos de la vida en sociedad. Lo que en realidad sorprende de Internet es que los medios y las argucias de los timadores son novedosos, como también lo es esta forma de relacionarse; si bien es cierto que el encuentro presencial nos proporciona mayores elementos de juicio comprobando la imagen, la forma de hablar y el lenguaje no verbal de los interlocutores.

Pero empecemos por el principio. Con el fin de mantener y entablar relaciones humanas a través de la Red, existen diversas opciones:

1. *Navegar:*
   Consiste en explorar a través de *buscadores* páginas a lo «largo y ancho de la red» con contenidos de interés, en este caso con el fin de hacer amigos. Para ello deberemos introducir en la casilla correspondiente aquellas palabras o frases que nos aproximen a todo aquello que deseamos encontrar de forma directa: p. ej. «amistad», «hacer amigos», etc., o bien indirecta, p. ej. «talleres literarios», el nombre de una asociación determinada, grupos de amigos, revistas electrónicas de anuncios por palabras, etc.
   Además, en los respectivos *buscadores* (Terra, Yahoo, Google, Altavista...) existen apartados pensados para localizar páginas web con una finalidad concreta, como la amistad.

2. *Correspondencia electrónica:*
   Es la función más conocida y consiste en el envío y recepción de mensajes a todas aquellas personas que dispongan de acceso por medio de correo electrónico. Si bien el espacio y los contenidos dependen de las preferencias del usuario, las normas de urbanismo en el ciberespacio recomiendan no extenderse demasiado en las comunicaciones y utilizar un lenguaje claro, directo y correcto.
   El correo además nos permite enviar una misma información a todos o parte de nuestros amigos al mismo tiempo, por medio de las listas de distribución, fotografías, vídeos, música y documentos escritos.

Asimismo, nos posibilita el envío posterior de los mensajes recibidos por nosotros a terceras personas, con o sin modificaciones.

Estos y otros alicientes son los que posee la función de Internet más utilizada y que mayores posibilidades ofrece a la hora de mantener comunicación permanente con amigos y amigas de todas las partes del mundo.

3. *Chats:*

Son «foros de debate» consistentes en la posibilidad de comunicación casi instantánea entre los participantes, por medio de una página que se va actualizando.

Existen *chats* clasificados para las diferentes edades. Para realizar las comunicaciones, los usuarios suelen acceder a ellos con nombres supuestos, lo que le confiere mayor libertad a las mismas, pero también impunidad y anonimato. Cada buscador posee *chats* propios a los que acceder directamente.

Es ésta la modalidad más utilizada para hacer amigos a través de la Red.

4. *Foros de debate:*

Es habitual que en nuestro buscador nos encontremos con foros de debate para temas específicos, como por ejemplo de temática gastronómica, cultural, económica, etc. Las personas que los visitan pueden acceder a documentos, vídeos, músicas y *chats* sobre los aspectos más variados. Algunos de estos grupos se especializan directamente en el conocimiento y la toma de contacto entre personas.

5. *Otros servicios para la búsqueda de afines:*

Si a través de un foro de debate podemos conocer a personas que se encuentren trabajando, documentándose, o sencillamente que les gusta debatir sobre nuestros temas predilectos, también podemos encontrarnos con este tipo de afines en otros contextos. Por ejemplo, algunas asociaciones trabajan con listas de distribución a través del correo electrónico con las que hacen llegar a sus miembros las cartas y opiniones de otros participantes, así como noticias de diversa índole.

En las enseñanzas y cursos de carácter virtual (a distancia a través de la Red) o semivirtual (con unas actividades a distancia y otras presenciales) también suelen destinarse espacios para el debate y el intercambio de información entre sus alumnos, por medio de *chat* o también listas de distribución.

Por último, muchas asociaciones, centros educativos, publicaciones electrónicas, entre otros, cuentan con una página web en la que podremos entrar en contacto con sus miembros y las actividades que éstos realizan.

La historia de Adela y Matías

Adela es mi cyberamiga. La primera persona con la que me comunico tras levantarme por las mañanas y encender el ordenador, que me da ánimos y de la que recibo los mejores consejos. Nos conocimos a través de foros de debate sobre temas científicos y pronto supimos que ella estaba realizando su tesis doctoral exactamente sobre el mismo tema que yo había realizado la mía unos años atrás. Esto que en otras condiciones hubiese resultado un problema, con el paso del tiempo fue toda una historia de amistad y compañerismo, además de un avance para el conocimiento de cierto tipo de pacientes con problemas de «tensión clínica». Desde que entramos en contacto todo han sido ventajas para los dos. Por ejemplo, a raíz de nuestra relación he podido acceder a la asociación más prestigiosa de nuestro colectivo, gracias a la cual pude dar a conocer más tarde lo que fue la investigación más importante de mi vida. Por mi parte creo haber ayudado a Adela a terminar con su tesis, al menos me hizo sentir muy orgulloso cuando finalmente pude asistir a su defensa como miembro del tribunal. Aquél fue uno de los días más felices de mi vida, no sólo porque fuese muy agradable conocernos de forma presencial, sino porque el encuentro coincidió con un gran éxito de la vida. Y es que previamente, Adela tuvo que enfrentarse a una enfermedad terrible, sin cejar en su esfuerzo a la par por recuperarse y por terminar la investigación, mientras yo podía seguir su evolución a través del correo electrónico. El acto académico de defensa de su tesis con la máxima nota fue la demostración de que con perseverancia y un poco de amistad, el hombre, y en este caso la mujer, pueden con todo, incluso en las peores condiciones. A partir de entonces intentamos coincidir en los congresos de nuestra asociación en diferentes países del mundo, y a veces realizamos ponencias conjuntas que preparamos a través de la Red. A lo que nunca me he atrevido es a comentar con ella que, a pesar de los problemas tan complejos que en verdad afronta nuestra sociedad, y que suponen retos nuevos y a veces insalvables para la ciencia y el conocimiento, nunca fue tan fácil para profesiones solitarias como esta nuestra de investigador, encontrar un alma gemela. Tal vez algún día tendría que decírselo pero no sé cómo.

5.4. Otros remedios para estar bien acompañados

Un hombre solo siempre está en mala compañía.

PAUL VALÉRY (1871-1945)

Cuando se trata de delimitar las tendencias de la sociedad actual en cuestiones como el reparto del tiempo de trabajo existen teorías que abogan por una dedicación horaria creciente, y otras que, por el contrario, apuntan que la mayor dedicación al ocio es la característica fundamental.

De uno u otro modo, todos sufrimos, sin duda, una cierta inadecuación entre el mundo del trabajo y las necesidades propias de la vida familiar y social. Así, buena parte de esta última se desarrolla a altas horas de la noche, lo que obliga a serios desajustes con las personas que trabajan y estudian al día siguiente, y la imposibilidad de participación para aquellos que tienen hijos o no pueden adaptarse al ritmo. Esta desconexión afecta también a los tiempos de la biología y los de la carrera educativa y profesional, que consigue que hoy en día muchas parejas intenten acceder a la maternidad cuando ya es tarde para ello.

A sabiendas de que estas y otras muchas dificultades estructurales nos impiden la realización de una vida más equilibrada y satisfactoria, cabe intentar, en la medida de lo posible, el empleo de todas aquellas otras alternativas que nos brinda la sociedad postindustrial para ampliar las redes sociales y alcanzar una mayor humanización de nuestro tiempo.

Así se han referido las ventajas introducidas por las nuevas tecnologías para la relación y la comunicación a pesar de las grandes distancias, pero también conviene no perder de vista nuestro entorno geográfico, ya que si bien puede ocurrir que en pueblos y localidades pequeñas nos encontremos literalmente aislados de las personas de nuestra edad o condición, la mejora de las vías y los medios de comunicación pueden aproximarnos a otras áreas más provistas de personas y recursos culturales. Éste es el caso, por ejemplo, de muchas personas con profesiones más o menos asistenciales (enfermeros, médicos, veterinarios, asistentes sociales, odontólogos, farmacéuticos, notarios y religiosos), que deben trabajar y vivir en poblaciones aisladas o con escasos habitantes. Las posibilidades, además de

Internet, pueden ser más bien reducidas, pero a través de esta misma vía y de las organizaciones profesionales, se puede mantener contacto con personas con intereses afines o intentar crear tertulias, viajes organizados, cursos de formación o círculos de amigos de poblaciones colindantes.

Viajar en grupo, emprender viajes temáticos (para el deporte, la cultura, viajes para solteros, de convivencia religiosa, aprendizaje de idiomas) y los viajes organizados en general, son una fuente de encuentro y conocimiento de amigos, que pueden emprenderse solos o acompañados y que cuentan con el apoyo de los guías e informadores. Éstos se ocuparan de proporcionarnos una estancia agradable y divertida incluso en el peor de los casos, es decir, que no encontremos mejor compañía que nuestra maleta.

Los periódicos regionales, de anuncios por palabras (con secciones de amistad y encuentros), por supuesto Internet, incluso los teléfonos móviles, son medios cada vez más utilizados por los jóvenes y no tan jóvenes. Las agencias matrimoniales también se encuentran en plena expansión, haciendo cada vez un mejor uso de la gran versatilidad para la gestión de información que proporcionan las nuevas tecnologías y a precios asequibles. Sin embargo, este tipo de fórmulas, al igual que la de salir solo/a a las zonas de ocio, suele suscitar gran rechazo social.

Esta falta de aceptación aparente puede estar relacionada con prejuicios culturales en torno al mito del amor romántico, pero también con su similitud en la forma con las utilizadas para el comercio sexual. También, por el riesgo que puede entrañar, sobre todo para las mujeres, el hecho de salir solas por la noche o acudir a una cita con extraños. Al respecto conviene apuntar que, sobre todo en las grandes ciudades, este tipo de encuentros puede ser en grupo (amigos, para conocer amigas, por ejemplo), o también permitir profundizar en el conocimiento de las personas con mayor detenimiento de forma previa, por carta, teléfono o correo electrónico.

Por otra parte, en los anuncios por palabra los interesados de todas las edades especifican claramente el fin que les lleva a emprender la búsqueda de los otros (amistad, amor, sexo, compañía, música, baile, excursión). Y en las agencias matrimoniales se cuida en extremo la discreción y la seriedad. Además de éstas, están surgiendo nuevas empresas que basan sus servicios en las necesidades de las personas solitarias: como las que organizan fiestas para solteros o divorciados, viajes y clubes de amigos, revistas y páginas webs, etcétera. Las personas que en ellas participan se caracterizan por la iniciativa personal para salir del aislamiento y el reconocimiento manifiesto y sin complejos de no querer estar solos, y están consiguiendo romper con tabúes y prejuicios culturales de gran lastre, además de con estereotipos caducos sobre amor, azar y felicidad.

«Casamiento y mortaja del cielo bajan», se nos ha dicho. Sin embargo, sabemos, como hemos apuntado a tenor de no pocos estudios de la psicología social, que el enamoramiento implica proximidad y cierta predisposición, entonces... ¿por qué no contar también con una sana voluntad por agilizar un proceso que puede proporcionarnos un gran bienestar?

Es frecuente, una vez se han establecido por estos medios lazos de amistad, incluso familiares, que se omita la referencia al origen del encuentro, siendo muchas más de las que pensamos las personas que resuelven de este modo sus problemas de soledad. En cuanto a las salidas solitarias, si son nocturnas conviene en un principio contar con lugares en donde tengamos ciertas garantías sobre nuestra seguridad y sobre que podremos bailar o tomar una copa sin sentirnos demasiado extraños. Tampoco salir solo o sola tiene que suponer salir al encuentro de alguien. Las guías del ocio de publicación periódica, y el apartado de agenda y convocatorias en las publicaciones diarias pueden asesorarnos sobre galerías de arte, acontecimientos musicales y culturales, actos sociales a los que podemos tener acceso sin mayor pretensión que salir de nuestro «nido de seda».

Al margen de la buena o mala categorización social que se realice sobre este tipo de modalidad de entablar relaciones, lo cierto es que si por algo se caracterizan es por ser de las más directas y desprovistas de las dificultades que normalmente entrañan el cortejo o la tarea de entablar nuevas amistades.

«Necesito un amigo y pongo un anuncio en un tablón o un periódico para compartir apartamento, ir al cine o simplemente charlar.» «Siento la necesidad de formar una familia y busco a través de las fórmulas posibles mi pareja ideal.» Parece que poco puede decirse en contra de este tipo de soluciones, máxime si atendemos a los trastornos derivados de la soledad que ya han sido analizados. Tal vez objetar que su potencialidad para constituirse como un método adecuado de vencer la soledad dependerá de cada personalidad, nivel de exigencia y facilidades para relacionarse con personas desconocidas.

Cuando la soledad, los deseos de ser queridos, tener hijos o formar una familia son realmente angustiosos y consideramos que encontrar el amor, la amistad o una buena compañía puede ayudarnos a salir de la melancolía, no deberíamos desechar todo aquello que nos permita alcanzar lo que deseamos, o dicho de otro modo, alzar la realidad hasta donde están nuestros sueños.

Es cierto que el desarrollo de nuevas relaciones sociales no siempre es fácil, incluso en situaciones de divorcio en las que se esconde una voluntad firme por vivir y superar experiencias de desesperación y desencuentro. Abrirse, salir en busca de amigos, pareciera que no procede, que nos acerca a un papel de «quinceañeros» que no resulta fácil, pero si la opción de asumir y vivir la soledad como un placer no es para nosotros, antes o después tendremos que comenzar a dar algunos pasos para que la situación no desemboque en un mayor sufrimiento.

5.5. La soledad maestra

La soledad es el maestro que con el tiempo te enseña lo que fuiste, eres y serás.

ANÓNIMO

Resulta difícil simplificar en pocas palabras todos los recodos que hemos andado y debemos seguir avanzando para tener una perspectiva fiel del mundo de la soledad. La literatura poética es un venero que como todo arte nace en soledad, pero que también se nutre de esta misma fuente. La prosa ha construido muchas de sus mejores páginas gracias a la angustia que la soledad recrea y es, además, uno de los temas comunes entre los pensadores de todos los tiempos que han intentado comprenderla.

Pero si de algún modo podemos resumir las ideas propuestas en este trabajo, es diciendo que se trata de un enfoque diáfano, sin prejuicios, que no propone otra cosa que salir de nosotros mismos y mirar a nuestro alrededor; para que el que sufre de estrés social mire a los solitarios, éstos hacia las razones que subyacen en su soledad, los solteros a la soledad de los casados y viceversa, y todos hacia esas otras soledades de los que ellos mismos son culpables. Porque creemos que ayudar a otros con su soledad es la mejor forma de no sentirse solo uno mismo.

La diferencia puede llevarnos al aislamiento. En cambio, el que acepta a todos como son nunca está solo. Ciudad grande, soledad grande, decía Estrabón, pero en la aldea pequeña, la incomunicación nos aísla si cabe aún más. Es por ello que las conexiones que podamos establecer entre estos dos mundos, entre el urbano deshumanizado y el rural demasiado anclado en el pasado, podrán paliar parte de las soledades «estructurales» que todos padecemos. El que se ahoga en un mundo pequeño cuenta con una gran ciudad a la que mirar, seguro que muy cerca, y el que enferma de soledad en las urbes metropolitanas, puede acudir a algún pueblo con gente a la que conocer y sentirse reconocido.

En resumen, proponemos, más que puñados de recetas, un cambio de valores para mirar alrededor y de paso dentro de nosotros mismos.

Muchas personas lamentan no tener familia, no haber podido engendrar hijos con los que trascender en su paso por la vida. Sin embargo, existen otras muchas formas de trascender más allá de nuestra muerte, como son las propias obras. Las buenas y grandes obras están al alcance de todos: por ejemplo, hay ancianos que mueren sin compañía. También con el apadrinamiento, la adopción, o sencillamente la enseñanza o la asistencia a los más cercanos, podemos rodearnos de familias enteras, aunque hayamos perdido o no hallado parientes cercanos.

Hemos hablado de la ansiedad y de la angustia como manifestación del miedo a los demás, pero también a la propia soledad; como un modo de estar, de sentir, de sufrir, y hasta de enfermar. Una manifestación, en definitiva, de la dimensión desvalida del ser humano. Pero la ansiedad también es, a la postre, la incertidumbre que acompaña a la esperanza: el ansia de lo deseado.

Tampoco conviene olvidar que sufrir de soledad es, al fin y al cabo, un lujo en el que muchos con otras necesidades más acuciantes no se pueden ocupar, un mal no exento de egoísmo. Como egoísta es la actitud del que se recrea en el sufrimiento propio sin querer cambiar, sin trascender más allá de los sentidos, de las necesidades inmediatas, para verse como hombre o mujer, para contemplarlo desde el prisma más amplio de lo que uno es, del sentido de su propia vida.

Vivir y estar solos es un camino, el de aquellos que encuentran el verdadero placer de la soledad, pero también el de quienes se saben como gusanos de seda, que por ser diferentes deben confeccionar eternos nidos que les aíslen, para de paso no ser más veces heridos, hasta llegar con tiempo y sabiduría a su estado ideal.

Bibliografía

ALBORCH, C. (1999): *Solas*. Madrid: Temas de Hoy.

ANDRÉ, CH. y LÉGERON, P. (1997): *El miedo a los demás*. Bilbao: Mensajero.

BARON, R. A. y BYRNE, D. (1998): *Psicología Social*. Madrid: Prentice Hall.

BOSWELL, J. (1996): *Las bodas de la semejanza*. Barcelona: Muchnik.

BRUCKNER, P. y FINKIELKRAUT, A. (1989): *El nuevo desorden amoroso*. Barcelona: Anagrama.

CARNEGI, D. (1951): *Cómo ganar amigos e influir sobre las personas*. Barcelona: Cosmos.

CASTANYER, O. (1996): *La asertividad: expresión de una sana autoestima*. Bilbao: Desclée De Brouwer.

CYRULNIK, B. (2002): *Los patitos feos*. Barcelona: Gedisa.

FRANKL, V. E. (2001): *El hombre en busca de sentido*. Barcelona: Herder.

GAJA JAUMEANDREU, R. (1997): *Seducción y éxito social*. Barcelona: Plaza & Janés.

GIDDENS, A. (1998): *Sociología*. Madrid: Alianza.

HERNÁNDEZ JIMÉNEZ, V. y otros (1999): «Principales causas de mortalidad en la CAM». Madrid: UCM.

HIRIGOYEN, M. F. (2001): *El acoso moral en el trabajo*. Buenos Aires: Paidós Contextos.

KAGAN, J. (1989): «Temperamental contributions to social behavior», Washington: American Psychologist.

MONJAS CASARES, M. J. (1996): *Programa de enseñanza de habilidades de interacción social*. Madrid: CEPE.

— (2002): *Programa de enseñanza de habilidades de interacción social (PEHIS) para niños y niñas en edad escolar*. Madrid: CEPE.

OSMAN, BETTY B. (1985): *Nadie con quien jugar: el aspecto social de las incapacidades de aprendizaje*. Buenos Aires: Paidós.

OVEJERO BERNAL, A. (1998): *Las relaciones humanas, Psicología social, teórica y aplicada*. Madrid: Biblioteca Nueva.

PAGE, R. M. (1990): «Shyness and Sociability: A dangerous combination for illicit substance use in dolescent males?». *Adolescence*, n.º 25, págs. 803-834.

PAGE, R. M. y COLE, G.E. (1991): «Loneliness and alcoholim risk in late adolescence: A comparative study of adults and adolescents». *Adolescence*, n.º 26, págs. 925-930.

PAPALIA, E. A. (1987): *El mundo del niño*, tomo III. México: Mcgraw-Hill.

PAZ, OCTAVIO (1998): *El laberinto de la soledad*. Madrid: Cátedra.

PIÑUEL y ZABALA, I. (2001): *Mobbing*. Santander: Sal Térrea.

RICE, P. (1999): *Adolescencia*. Madrid: Prentice Hall.

ROGERS, C. (1993): *El matrimonio y sus alternativas*. Barcelona: Kairos.

STORM, A. (2001): *Soledad.* Madrid: Debate.

UÑA JUÁREZ, O. (1984): *Comunicación y sociedad.* Madrid: Ediciones Escurialenses.

VALLEJO-NÁJERA, J. A. (dir.) (1998): *Guía de Psicología.* Madrid: Temas de Hoy.

WAMBA, F. (1997): *Soledad existencial, aspectos psicopatológicos y psicoterapéuticos.* Sevilla: Universidad de Sevilla.

Sobre la autora

Ángeles Rubio Gil es doctora en Sociología por la Universidad Complutense de Madrid, profesora de Antropología en la Licenciatura de Psicología (UCJC) y colaboradora del departamento de Trabajo Social (UCM). En este libro ha contado además con la colaboración experta de la Doctora en Psiquiatría y Medicina Familiar por la Universidad de Navarra, Cristina Borra.

Es asimismo, autora de libros que abordan las problemáticas más candentes de la sociedad actual como *Los Recursos Humanos: Organización del Trabajo y Empleo* (Ariel), *La Revolución Bancaria* (Iberediciones), el fracaso escolar, *Cómo ayudar a nuestros hijos a superar los estudios y elegir carrera* (Amat), *Paradojas en el Paraíso: por un turismo para todos*, sobre el ocio de las personas discapacitadas (Universidad de Suzuka, Japón), entre otros. En su última obra *Finanzas y Sociedad* (Thomson Learning-Paraninfo), aborda algunas de las transformaciones más importantes de la sociedad contemporánea, con temas como la globalización financiera, el gobierno de las multinacionales y el capital humano.

En su participación social puede destacarse la colaboración con su investigación al asesoramiento de diversas instituciones (Instituto de la Mujer, Ministerio de Economía y Hacienda, Consejería de Economía de la CAM, IMSERSO, CEOE, CE) y la creación de la Línea Social de atención inmediata al ciudadano. Por último, cuenta en su haber con becas y premios literarios y a la investigación por parte de diversas instituciones (Ministerios de Educación y Cultura, Economía, Asuntos Sociales, Defensa, Asociación de Derechos Civiles, Europa Universitas, entre otros).

En su correo *(angeles@sjwood.e.telefonica.net; Apdo. 20228, de Madrid 28080, Tel. 630731350)* atiende gustosamente todos los comentarios y preguntas de sus lectores sobre los problemas relacionados con soledad, aislamiento y habilidades sociales.